彭怡平 文・攝影

隱藏的美味

深度探訪法國美食文化風景

| 推薦序 |

完整認識法國菜

　　提到法國菜，就讓人聯想到美麗的水晶吊燈、燭光、各式晶亮的刀叉，以及需盛裝與會才能享用的餐點。當然這是享用法國餐飲的一種，而不是全部的法國餐飲，法國人也不是每天都用這種方法來用餐喝酒的。就某個角度看，對台灣人而言，法國菜是一種高昂但卻很空洞的料理；也就是說，多數人總習慣把高價位與法國菜聯想在一起，但到底什麼是法國菜，那可能仍是一個空洞的名詞而已。

　　早期台灣的法國菜是由越南廚師引進來的，因為法國曾占領過越南，但當年這些所謂的法國菜，其口味與烹調已經過數度易手、調整，與道地的法國菜可說已有相當大的差距。

　　開放觀光旅遊後，國人有機會到世界各地，同時也品嚐到當地的菜肴，漸漸也有機會到法國親身品嚐什麼叫作法國菜。

　　基本上法國的餐飲可分成四種不同的類別：一是 Café，一是 Bistrot，所謂法式小酒館，一是 La Brasserie，一是高級餐廳 Gastronomique。每種類別各具特色，其餐飲也各有風味。而在台灣，一般人所想到的法國餐就是所謂第四種高級餐廳的法國菜，但是法國人日常生活中最常消費的地方，如 Bistrot 或 La Brasserie 卻被國人忽略。

　　這兩種餐廳或小酒館最能顯現法國菜的口味與風格。就有如台灣許多具有特色的餐館，同時也是本地人最常、也能消費得起的餐廳，它才能代表本地餐飲的特色，法國也是如此。

　　不同區域也有不同風格的法國菜，如普羅旺斯、洛林、勃根地、波爾多、阿爾卑斯山、佩里戈爾……等等，都具有不同的特色，但這些都算是法國菜。

　　台北亞都麗緻大飯店開幕以來，不論以鄉村拿手家常菜為主的 La Brasserie 或以精緻品味著名的 Paris 1930 法國餐廳，都著重在不同的角度上把法國的一些特色菜肴與生活品味介紹給國人，我們也深感榮幸，這些道地的法國菜肴，

已成爲台北的法國人慰解思鄉病的良藥。這兩個餐廳現在成爲法國人最常聚會的地方，而且慢慢地國人也喜愛上這兩個餐廳，能讓國人接受那才是亞都最大的驕傲。

《隱藏的美味》這本書，就是在介紹法國區域性的料理，亞都法籍主廚Fabrice Brechet 烹調出二十道法國地區菜，並配前菜、主菜、甜點、乳酪、麵包及葡萄酒。

作者彭怡平旅法多年，法文說寫流利，又喜愛享受法國菜看，由她來訪問主廚 Fabrice Brechet 撰寫這本書是再恰當不過。我們也希望讀者能藉由這本文情並茂的書，對法國菜有一個比較完整的認識。

（本文作者為台北亞都麗緻大飯店總裁　嚴長壽）

美食人生

　　追求美好的人生，是大家夢寐以求的。近年來，中產階級的興起，對於生活無不有所要求。他們參加藝術文化活動，到各地旅遊；對於衣著，要求名牌；對於用品，亦是名牌；至於口腹之慾，則追求美食，自不待言，不是嗎？

　　在台灣，我們可以吃到中國各地美食；其實在台灣即使是西方美食，亦不多讓。某次筆者與一位法國友人用餐，友人欣賞之餘，還問那餐廳是由法國人掌廚吧！實際上，那餐廳是由國人掌廚。這表示台灣餐廳的水準。然而，唯一遺憾的，食客去西餐廳，面對西餐菜單，不知從何點起；更有嚮往西方美食，也想在家中自行調理，卻不知道從何下手。

　　彭怡平小姐遊學法國有年，對西方美食研究有素，茲爲文介紹法國各地美食，對國人、美食家、嚮往西式餐式者，具參考價值，眞是好消息。

（本文作者為亨信公司董事長、法國
Chaîne de Rôtisserie 台灣負責人　張君暉）

美酒失樂園

　　《失樂園》中的男女主角，縱使在生命欲結束之前，都會設想尋找一瓶上好的 Margaux 紅酒，做爲陪伴。如此淒美的故事，不就是給與了法國頂級葡萄酒的最佳詮釋。

　　喜愛法國葡萄酒，除了享受口慾之滿足感以外，那種釀酒歷史的傳承、文化的背景，以及身處當地人們的另一種浪漫氣質，無不一一地吸引著我持續地追逐。

　　酒的氣息，襯托著桌上的美食，能夠擁有如此美酒的國度裡，她的美食還可能會離了譜了嗎？

　　願此文，贈與彭怡平，特殊的日子。

（本文作者為孔雀洋酒負責人　曾彥霖）

淺談法國美食美酒

　　如果說法國美食是世界之冠，那麼在所有飲料當中，葡萄酒是最令人難以抗拒的。法國料理的多樣性及複雜化是眾所皆知的，而葡萄酒亦是分級相當複雜的佐餐酒，因此當法國美食遇上葡萄酒，那將是一種最完美的組合。

　　一般來說，大多數的人都認為白酒應配白肉，紅酒配紅肉。與其這樣說，不如說是口味較重的（或較粗糙）的肉食，適合搭配紅酒；而口味較淡（或較細膩）的肉食，則適合搭配白酒。但最棒的還是：不同產區的酒，應該搭配當地產區的地方風味菜，才最為精采。

　　常有人說法國人最懂得享受人生，從他們鑽研美食與葡萄酒的奧妙變化，便知一二。現在我們就一起來體驗法國美食與葡萄酒的魅力吧！

　　　　　　　　　　　　　（本文作者為星紡公司副總經理　須家昌）

美食的最高依據

　　在多年推廣葡萄酒的過程中，我一直很強調「葡萄酒最主要的目的就是佐餐」，講得含蓄一點，則如同英國女葡萄酒專家 Jancis Robinson 曾說過的：「廚房為酒窖的自然延伸。」特別是對於剛入門者，最好就是從配餐去開始體會享用葡萄酒的樂趣，千萬不要抱著喝藥的心情純飲（更不要泡洋蔥）。美食配美酒，再加上良伴做陪的話，那絕對是人生一大享受，而同時盛產美食與美酒的法國，當然是各位同好的最佳選擇之一。

　　不過千萬記得，餐與酒的搭配並沒有任何金科玉律，個人的愛好與口味才是決定搭配方式的最高依據。Bon appétit!

　　　　　　　　　　　　　（本文作者為玫瑰人生美酒餐會負責人　劉鉅堂）

| 推薦序 |
迷人的法國料理

Few countries are like France where food and wine are considered one of the greatest pleasure of life.

In France you will be struck by the care and attention given to the preparation of food and how much food plays in the life of French people.

The special appeal of French cuisine is its great regional varieties. From each part of the country, wherever you go, it will be a new experience where recipes are passed with great devotion from generation to generation.

Miss Pong went to great length to share with you her culinary experience while travelling extensively through France. Great Work......

André A. Joulian

世界上沒有幾個國家能像法國一樣，視美食與美酒為生活中最大的愉悅。

法國人精心料理食物的程度，令人嘖嘖稱奇。如果你知道食物對法國人來說占有多大的份量，你將會更驚訝。

法國料理迷人之處，就是不同地區發展出的多樣性；不論你走到哪裡，嚐到的食物都會有不同的特色。料理方式的代代相傳，更可看出法國人對食物的忠誠。

本書作者彭小姐遊遍大半個法國，以她對法國料理之深入了解寫成的本書，是難得一見的佳作。

（本文作者為麗緻管理顧問股份有限公司總裁　朱恩磊）

| 推薦序 |

「料理」是最短的溝通橋樑

《La cuisine est le plus ancien des arts》, disait le magistrat-gastronome Brillat-Savarin: car, homme de loi, il était aussi bon vivant et en sage savait compenser la rigueur de ses fonctions par le plaisir de la table. Et dans le célèbre roman *Au bord de l'eau* de Shih Nai An, le redoutable et gargantuesque bonze Lu Chih Shen, parce qu'il est chargé du jardin potager, pièce maîtresse du grand temple Hsiang Kuo, n'a-t-il pas pour surnom Sagesse-*profonde*?

C'est que du plus lointain de leurs traditions, Taiwanais et Français connaissent l'importance de la table, car on ne traite pas à la légère ce qui par trois fois chaque jour requiert chacun d'entre nous. L'un et l'autre peuples auraient pu se contenter d'une cuisine nourrissante et fonctionnelle, en somme de *manger pour vivre*; mais non: en esthètes gourmands et sensuels qui aiment à se retrouver en famille, ou entre amis, pour partager le bonheur de leurs ripailles, ils ont voulu-aussi-*vivre pour manger*, élaborant les plats fins où se combinent tous les ressources de leurs riches provinces, de l'Alsace à la Bourgogne, en passant par l'Aquitaine, et l'Auvergne sans oublier la Provence et la Corse, et d'autres encore relevant leurs mets d'épices subtiles, assaisonnant, jouant avec le feu-ici le feu doux où l'on fait longuement mijoter dans les cocottes, à la flamme vive qui saisit dans les *woks*, et transformer enfin en délices les offrandes de la nature pour le bonheur souverain de nos palais.

Voici donc rassemblé en un beau livre ce florilège de recettes françaises au classicisme éprouvé, qui participeront, je le souhaite, a l'augmentation de la consommation de produits français à Taiwan.

Il me reste à abandonner le lecture au fil des pages, pour imaginer d'abord, et, je l'espère, réaliser bientôt chez lui un *bœuf bourguignon, un pot-au-feu* ou un *clafoutis*. Il y verra la preuve, s'il en était besoin, que la cuisine n'est pas le moindre des ponts jetés entre nos deux pays.

Philippe Favre
(Conseiller Economique et Commercial
Institut Français Taiwan)

　　美食法官布里亞–薩瓦蘭（Brillat-Savarin）曾說：「烹飪是最古老的藝術。」身為法官，既樂天隨和又睿智的他，深知如何藉由「餐桌上的享樂」補償他嚴峻的工作性質。

　　在施耐庵著名的小說《水滸傳》中，令人生畏及食量驚人的魯智深，因為掌管屬相國府情婦房子的菜園，而被人取個渾名「高深的智者」。

　　淵源於長遠的文化傳統，台灣人及法國人都非常清楚「吃飯的重要性」，不會輕忽不可或缺的一日三餐。兩地人民不僅止欣喜於豐盛與只為填飽肚子的料理，而是更講究美感與激起感官的美食，喜愛與親朋好友共聚一堂，分享珍饈美味。

　　法國人將各省豐富的資源組合，使他們的菜肴更精緻。從阿爾薩斯到勃根地，經過阿坤廷、奧佛涅，更不能不提普羅旺斯、科西嘉及許多其他地區，以巧妙的香料、調味品，再加上不同的火候料理，以文火長時間在燉鍋中熬，或以大火烹調。為了我們味蕾上的喜悅，轉化大自然的祭品為歡樂。

　　這是一本集合法國經典料理的作品選集，我期望藉由這本書提高法國食品在台灣的銷售量。我只要沉醉於閱讀此書的過程中，首先「想像」，接著著手在家做「勃根地燉牛肉」、「牛肉蔬菜湯」或「櫻桃奶油派」。無庸贅言，我們將看到明證，「料理」是我們兩國之間最短的溝通橋樑。

（本文作者為法國在台協會經貿組處長　華偉立）

| 推薦序 |

融合各家精華的美食精神

La France, mon pays à six frontières et 3 mers, ce qui explique son ouverture sur le monde, mon pays à subit quelques invasions durant les deux derniers millénaires, il a aussi conquit quelques territoires, à chaque fois la nourriture a été pris en compte, toute ces influences se sont fait ressentir à un moment donner, nous avons gardé ce que nous pensons être le meilleur pour notre identité culinaire, à chaque fois réactualisé, toute en conservant les traditions, cette diversité se retrouve dans toute nos regions, au Nord le beurre et la crème, au Sud l'huile d'olive, à l'Ouest la mer et ses poissons, à l'Est les influences germaniques chou et cochon, le tout servit avec plus de quatre cent sorte de fromage et quelques 30000 vins différents, s'il fallait expliquer la force de la cuisine Française, on peut dire que c'est le respect du produit, la recherche du meilleur, beaucoup d'attention et l'amour de la chair.

Fabrice Brechet

　　我的祖國──法國，與六國爲鄰、濱三大海洋，這解釋了它對世界的開放性。在過去兩千年間，它經歷無數征戰，也征服了一些其他的領土，而每次征戰都使我們的食物吸收更多各方的影響。在維持法國美食傳統的原則下，我們保留了各國影響中最精華的烹調特色，這些不同的傳統可以分別在法國不同區域發現，如北部的奶油及鮮奶油、南部的橄欖油、西部濱海的漁產、東部受德國影響的捲心菜和豬肉，以及超過四百種的乳酪及三萬種以上不同的葡萄酒。如果必須解釋法國菜獨有的精神，我們可以說它重視食材、追求完美、精心烹調，以及對美食的愛好。

（本文作者為台北亞都麗緻大飯店主廚）　Fabrice

| 新版作者序 |
美食也要成為經典

一九九八年，我剛自巴黎索爾本大學與 ESEC 電影電視學成歸國，不幸撞上那時的台灣電影工業如日薄西山。電影夢不得實現，我卻因緣際會，與出版業結緣。

相較於暮氣沉沉的台灣電影界，台灣那時的出版業，不僅朝氣蓬勃，更充滿了實驗的膽氣與創新的精神，我也就在那樣的環境裡，懷抱著初生之犢不畏虎的勇氣，以拍電影的龐大陣容，率領近一百人的團隊，包括兩位攝影師榮錄與大牛（廖學藝）、編輯們、法國大廚法布里斯·布列雪以及亞都麗緻數位內場與外場工作人員，趁著聖誕節到年假這短短幾日難得的時光，將我們籌備了數月的法國區域料理一一從紙上構圖如實呈現！我還記得，在那個連松露與牛尾湯是啥都沒見過的時代裡，每一道法式料理端上桌的時候，都會引發一陣歡呼！我也是在那樣幾近夢幻的氣氛裡，苦心構思出一道道料理的畫面。

我希望每一道料理都訴說著一個屬於自己的獨一無二的故事。我選擇以微光拍攝，企圖營造出光影層次豐富的影調，並將每道料理的地域特質與食材以及享受這道料理的氣氛與心境融入攝影裡；並且融入藝術、歷史、人物、地域與風土民情的思索，堪稱為當時美食界前所未有的創舉！當時何飛鵬社長看到這本書印出來以後的第一個反應是：「曲高合寡。」這本竭然與市面上讀物不同的書本問市以後，卻引起眾多媒體與讀者的關注，他們異口同聲說：「第一眼看到它的時候，以為這是一本外國翻譯書，沒想到是國產的。」《隱藏的美味》成為多所餐旅管理學校推薦讀物，開啟了我美食家與教書生涯，並因此而莫名其妙地成為了文學家與攝影家！

如今，十餘年已過。當初無心插柳寫作事業的我，一寫就持續寫了十四個年頭。靠著一枝筆與照相機單槍匹馬闖世界的我，在走過五十個國家的同時，也已出版了十部不同主題的作品，雖然當今研究的重心早已偏離當初處女作的美食主題，然而，對於創作之初秉持的那份對作品的誠意與用心卻始終無二！我認為每一本書都得是作者誠實面對讀者與自己的藝術結晶。抱持著非經典不

寫，非經典不出的精神，相較於當今的出版市場現況而言，或許是難以理解，但，我一直深信，好的書籍不僅完全不會因時日而失去它的光芒，反而因時間而散發出更爲動人的光采。在《隱藏的美味》改版上市前夕，回顧我的寫作事業與藝術創作生涯，更是感念自己的不輕易妥協帶給我這一路上的成果豐碩，也得以在十餘年後再次奉上這本誠心誠意、集眾人心血共同完成的飲食文化讀物，期望當讀者捧讀這本著作的時候，感受到的不僅是它字裡行間的用心，也是它與日俱進、不同於一般的華采。

感謝商周出版楊如玉總編、封面設計蔡南昇、內頁設計小題大作工作室一路走來的相挺與耐心及專業精神。

寫于《風雅堂》20120424

Table des Matières
目　錄

Table des Matières

chapitre 1

法國料理
的藝術

對法國這個愛好享樂的拉丁民族國家來說，

日復一日地在親愛的枕邊人

與親愛的飯桌間來回打轉，

已成為一種生活方式與人生哲學，

畢竟，人世間還有什麼能比這兩者

激起我們更大的快感呢？

L'Art Culinaire
路易十四的「太陽王禮儀」

　　法國料理給一般人的印象多爲精緻、豪華、細膩但份量少，好像難以滿足我們的胃。事實上，法國料理著重慷慨、與眾人分享美食美酒、人生的喜悅與愛，是一場注重精神與感官的饗宴。

　　當我在法國受邀去朋友那兒做客的時候，總是習慣先問主人那天的菜肴傾向哪種料理，再選擇貼切的酒帶去。在法國，吃飯，是一種休息，是一種愉悅與享受。一頓飯耗上三至四個鐘頭，在當地是很司空見慣的事。從開胃的點心（Amuse-gueule）、飯前酒（Apéritif）——香檳或櫻桃酒（Kirsch）、前菜（Entrée）、第一道海鮮主菜（1er plat，多半爲魚）、第二道主菜（Second plat）、甜點盤（Plateau de dessert）到咖啡與巧克力盤，最後再以一杯飯後酒（Digestif）——干邑酒（Cognac）或雅馬邑（Armagnac）畫上完美的餐飲句點。

　　喜歡感官享受的法蘭西民族，早在十七世紀就已開始他們對美食的享受。儘管十七世紀時，「享受美食」仍被一般法國大眾視爲「富裕」、「驕縱」的代名詞，但是，當時法國國王卻是毫不在意地享受全國各地的美食，而且彷彿認爲順理成章似的。據當時人的記載，國王光一餐就可以吃掉四盤不同口味的湯、一隻野雞、一隻山鶉、一大盤沙拉、兩片厚厚的火腿、大蒜肉汁燴羊肉塊、一大盤各式甜點拼盤，還有水果與雞蛋。雖然國王沒有偷吃零嘴的習慣，但在餐餘飯後，還是會嚼幾塊肉桂糖及喝幾杯橘子水。

　　到了一六七○年至一六八○年路易十四當政（一六三八～一七一五）時，法國宮廷飲食的習慣從大吃大喝轉變爲細膩與精緻，吃的種類也從大型野禽類走向肉質鮮嫩的小型家禽，如母雞、閹火雞（Chapon）、鴿子或鴨子……等；此外，在烹調的時間與火候工夫上，也多花心思，並且不再過度使用香料，強調保存食物的原味，尤其是魚類，當時最受貴族喜愛的是鮭魚與鱒魚。

　　但是首先將法國美食饗宴帶進極致完美境界的，卻是每星期在凡爾賽宮舉行

一至兩次的公開餐會——「太陽王禮儀」（Le Cérémonial du Roi-Soleil）。在餐會開始前，會先將餐具整齊地依序排好，而直到那時之前，法國貴族仍沒有使用叉子的習慣。現在我們在法式餐館看到的那些香料瓶、鹽瓶、裝油、裝醋和裝糖的小瓶瓶罐罐，都是到一六九七年才發明的。

據傳，這位好吃的法王路易十四身體並不好，所以在餐會裡加入了大量的水果與果汁幫助消化。喜歡喝勃根地（Bourgogne）酒的他，也非常注重酒與菜的搭配。他將餐會分為六個階段：湯和前菜、烤肉盤、小甜食、主菜、水果或甜點；而在冷盤（Entrée froide）或主菜之前，則有所謂的開胃菜（Hors-d'oeuvre）。

一六六八年七月十八日，為了向法麗葉（Vallière）女士祝賀，路易十四甚至在凡爾賽宮舉行了一場為期三天的餐宴。當天所有侍者依四季穿著繡有不同圖案的服飾，如春天穿著織有十二個園丁提著裝滿果醬的花籃圖案的衣服；夏天是收割者；秋天則是十二個摘取葡萄的工人和裝滿葡萄的籃子；冬天的圖案為老人提著裝滿冰塊的籃子。室內裝飾滿鮮花。這個法王路易十四主導的「太陽王禮儀」，為法國美食之路奠下了根基。

將法國美食饗宴推至極致地位的「太陽王禮儀」。

L'Art Culinaire
美食外交餐會上的咖啡

　　我置身協和廣場（Place de la Concorde）上某頂級餐廳的大廳內，侍者正畢恭畢敬地端著銀器盤盛的「大菱鮃」到我桌前，卻一不小心將魚連盤子一起翻倒在地；餐廳主管趕緊來到我身邊，一邊道歉，一面以冷靜的口氣命令侍者：「再端出另一盤！」不一會兒工夫，同樣的侍者又端出同樣的菜到我桌前。這種訓練，是法國一流餐廳之所以一流的服務標準，也代表著餐廳主人的榮譽。

　　中世紀時，全歐洲，尤其是法國，餐宴並不僅是餐宴，還代表著餐會主人的威望與權力，而且所有餐會都有所謂的外交與政治目的，只是⋯⋯這些貴族們圍繞著當晚的菜肴、美酒來打開話匣子，以達到最終的政治目的。我個人稱這種餐會為「劇場美食」或「美食劇場」。

　　在傳統的美食外交餐會中，最早成功的廚師外交官發言人，即十九世紀初的馬利—安東尼・卡漢姆（Marie -Antonin Carême）及其老闆查理・莫里斯・塔勒宏（Charles Maurice de Talleyrand）。這兩位合作無間的搭檔，將當時歐洲所有的政治家、智者、藝術家集聚一堂，成功地完成了所有外交任務；拿破崙更讚譽塔勒宏為全法國最好的外交宴會主人。

　　據說，塔勒宏的餐會結束前的那一小杯咖啡包含了四個祕密：燒灼的感覺如同地獄、濃黑的色澤如同魔鬼、香醇如同天使、甜蜜美妙如同愛情。這杯臨別前的咖啡，使得所有喝過的人都對它的香醇甜美意猶未盡，總是渴望重溫舊夢，這或許就是塔勒宏與卡漢姆美食外交餐會成功的主因吧！你覺得呢？

以美酒、佳肴來打開話匣子，達到最終政治目的的「美食劇場」。

L'Art Culinaire
布爾喬亞的用餐藝術

　　十八世紀時，布爾喬亞的美食藝術已經到達富裕與美味的顛峰，從菜單安排的極度用心考究，即可窺出端倪；而到了十九世紀，用餐考究與否，更象徵著一個家庭的社會地位高低。

　　此時餐廳是獨立的空間設計，緊臨客廳，但是自成一格；廚房則又獨立出來，自成一體。餐桌的布置多以鮮花、水果裝飾，餐具也非常講究。自一八六○年起，象徵社會新貴的布爾喬亞階級，喜歡以水晶玻璃杯或醒酒器來代替傳統的玻璃杯。

　　此外，銀製的餐具也受到他們瘋狂的喜愛，刀叉、盤子、茶壺、咖啡壺、托盤等，無一不為銀製，這些餐具的清單現今成為婚禮的採購單。

　　除了銀製的豪華餐具外，彩繪著植物、蔬果圖案的玻璃盤也蔚為流行。餐桌的位子必須安排順序，用餐時每上一道新菜就要重新換盤。

　　這些布爾喬亞階級雖然無意隱藏他們在社會上舉足輕重的地位，但也不想效法昔日的王公貴族們，夜夜舉辦如婚禮或訂婚般的盛大餐會。保守衛道的他們，也對所謂「精緻挑情晚餐」沒多大興趣，而是希望經營溫馨、富足與歡樂健康的晚餐氣氛。所以，整個物質的考究，比實質上對美食的要求明顯得多。但是，這些社會的暴發戶，對「品味」未必有充分的鑑賞能力。

　　觀看伴隨法蘭西第二帝國而來的十八世紀「洛可可藝術」（Roccoco Art），即大約可以瞧出一些端倪，其極度裝飾與華麗之能事，有時讓人看得眼花撩亂，卻不知所以然。

　　左拉（Emile Zola, 一八四○～一九○二）這位標榜自然主義的作家，就曾經毫不留情地批判當時的布爾喬亞餐桌現象：「餐桌活像個火光閃閃的祭壇！白晃晃的桌布、水晶冷冽的銀光對照著銀製的餐具……」

　　在布爾喬亞的家庭裡，最重要的是女主人，她的首要工作就是精心地布置一頓適切的社交晚餐，從菜色的搭配、餐具的選擇、餐桌的布置到賓客座

位的安排，都必須事先構思，目的是不要讓她的丈夫覺得丟面子。當僕人說：
「女主人，請用餐。」（Madame est servie.）時，就如同一句象徵性的用餐總
結，表示今晚的餐會進行得很順利。

　　直到今天，布爾喬亞的用餐方式仍舊秉持著傳統豐盛、菜色種類多選擇、注
重營造富足氣氛的精神，成為法國美食中一股不可忽視的主流。

L'Art Culinaire
催情晚餐

　　在世間，僅有兩件事能激起我們五種官能的反應，一是愛情，另一個則是美食。儘管很多衛道人士提出悲觀的看法，但是，享樂主義者卻親身實踐，證明他們的說詞。

　　而對法國這個愛好享樂的拉丁民族國家來說，日復一日地在親愛的枕邊人與親愛的飯桌間來回打轉，已成為一種生活方式與人生哲學，畢竟，人世中還有什麼比這兩者更能激起我們的快感呢？

　　十八世紀時，在菲利普・奧爾良（Philippe d'Orléans）攝政王執政期間（一七一五～一七二三），有一種特別的社會運動——「精緻晚餐」（Soupers Fins），從桌邊到床頭以連續性的方式進行，有時則採重疊交錯的方式。當時的藝術畫家華鐸（Antoine Watteau, 一六八四～一七二一），就曾記錄下奧爾良攝政王時期的風流餐會場景。當時甚至流行一句話：「調皮的愛情遊戲能激發廚藝的想像力，使其成為世界上最好的廚師。」

　　姑且不論這句話是否屬實，可以確信的是，自此以後，全法國上下都興起這種優雅而富感官享樂的「精緻晚餐」運動。奧爾良特別偏愛有勾起情慾效果的食物，法國名菜「攝政王的小母雞」（Poularde à la Régent），即以他為名；此外，珍貴的松露（Truffe）、公雞的肉冠或螯蝦，都……很有刺激效果。

　　之後的法王路易十五（一七一五～一七七四）甚至變本加厲，直到去世之前都沒有放棄這個讓他享有唯一快感的遊戲。當時畫家就把那個時代的公爵們畫成齜牙咧嘴、咬噬、狼吞虎嚥生命的模樣。將放蕩與人生哲學集結的思想家狄德羅（Denis Diderot, 一七一三～一七八四），曾形容當時赴晚宴的心情如同去妓院。

　　在那個瘋狂放縱的時代，不少被稱為「挑情屋」的場所在巴黎及其近郊如雨後春筍般出現。但是，這可不是國人一般先入為主的 Peep Peep Show 的低級色情場所，而是將男女情愛與美食藝術融合一體的藝術小屋。「挑情屋」室內陳

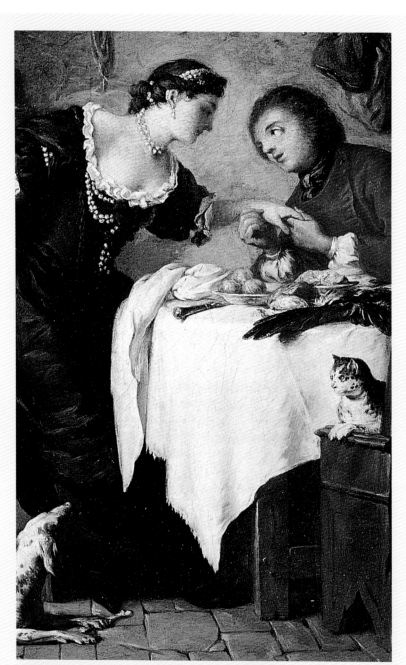

從桌邊到床頭以連續性或重疊交錯方式進行的「精緻晚餐」。

設優雅，家具裝潢極富品味，氣氛神祕，地點也很僻靜隱密，是偷情的絕佳場所。

到了十九世紀時，法國整個社會的道德秩序與政治顛覆了道貌岸然的「偽君子」。在福婁拜（Gustave Flaubert, 一八二一～一八八〇）的《包法利夫人》（*Madame Bovary*）與莫泊桑（Guy de Maupassant, 一八五〇～一八九三）的《好朋友》（*Bel-Ami*）中，都不乏此種場景的描述。

二十世紀開始，受個人主義的影響，「挑情屋」變成各派學說自說自話、百家爭鳴的場所。為什麼法國人那麼喜歡在「挑情屋」晚餐呢？有些人認為，美食與情調不過是讓已經被征服的心，藉著美食、美酒的催化，尋找到適當的藉口傾吐心中的愛意；有些人則撇開那些情感的、羅曼蒂克的情調不談，來這種地方的目的，雙方都很清楚；也有一些情侶乾脆捨棄那些豪華的額外裝潢、水晶垂吊燈與銀製的餐具，來到鄉間小屋度假；甚或，來個野外的郊遊……

一九六八年女性主義崛起後，更主動將這種挑情的燭光晚餐，改在僻靜的餐廳角落進行。以往的「挑情屋」被一般美食餐廳取代，保留下來的是法國的紳士風度：由男性付帳，盡一切做為紳士必需的禮儀。唯一的不同，是由女性選擇餐館、點菜，並負責「導演」情境與氣氛。當時有一種很別致的說法：「溫柔的菜單」。兩人單獨的燭光晚餐，代替了集體的挑情晚宴，應邀出席的男士永遠不知道這份菜單顯露的是一份愛意，或是一種禮貌性的社交。而一頓充滿焦急與溫柔的晚餐下來，男士儘管什麼承諾也沒有獲得，但那溫暖的紅唇啜飲香檳的性感，如白玉般的貝齒咬著清脆食物所發出的銀鈴似響聲，柔滑細膩的鮮奶油滑落喉間的清新感，剝水果皮時激發的遐想……這一切最色情、最性感的人性主義，在參與盛會的男女心中，都留下了對未來的甜蜜憧憬……

L'Art Culinaire
美食家的誕生

因出版《味覺的生理學》（*La Physiologie du Goût*）而為法國美食主義奠基的布里亞─薩瓦蘭（Brillat-Savarin, 一七五五～一八二六）認為，美食不僅是一種感官的享受，更隱含了人類對一切知識的泉源與省思。所以，「美食餐會」所帶來的喜悅與滿足，是一種沉思的喜悅與滿足，不但要求化學般嚴格的食物烹調步驟，還需要足夠敏感的心靈以選擇吃飯的地點、對象，如此才能享受最極致的喜悅。

以「人間喜劇」（La Comédie Humaine）九十五部系列小說聞名的文壇巨擘巴爾札克（Honoré de Balzac, 一七九九～一八五○），是個道地的家鄉料理美食主義者。他曾不斷提到：「儘管在鄉下我們無法吃到如巴黎般豪華的料理，但是，我們卻可以真正品嚐到豐盛而道地的家鄉料理。每道菜都是一道哲理，經過日積月累的沉思與研究……也唯有在那兒，才能誕生如卡漢姆般的天才。」生於杜爾（Tours）的巴爾札克，曾不止一次在作品中描述地方美食，尤其是他出生的杜爾一地的「熟肉醬」（Rillettes）、奧克爾（Auxerre）的「紅酒洋蔥燒野味」（Civet）等等。

當然，在法國美食史上還記錄著幾個赫赫有名的美食家的大名，如國人熟知的美食記者 Gault & Millau。

美食家的崛起，與一七八○年至一八一○年間法國的社會、經濟、政治運動有著密不可分的關係。

十八世紀末期，法國大革命不但推翻貴族王朝，還興起了新貴──布爾喬亞階級，而美食主義亦成為他們信奉的飲食準則。大大小小的「民間食堂」搖身一變為「餐廳」，開始對外營業，使一般民眾接觸美食的機會增加，與生活息

息相關的美食主義自然也成爲大眾的興趣所在。

　　此外，當時法國的官僚也並未如一般人所見的品味低下；相反地，彼此還會爭相較量個人的「品味」，如兼任官員職務的布里亞—薩瓦蘭；再加上當時的哲學家如狄德羅及作家聖伯飛（Sainte-Beuve，一八〇四～一八六九）的文化思想革新運動，使得整個時代在這種氣氛的激發下，誕生了美食家。

　　一般而言，在法國，美食著作分爲三種：一爲技術，即純粹的食譜；或爲科學，教導大眾吃出均衡和營養的健康飲食，有一點類似我們營養學醫生的處方；最後一種是我最愛讀的，也就是詩意的美食文學著作。美食家越過一切實際食物形體的界線，融入感官想像的無限喜悅。

　　這種剪接美食與色情的文體，攙雜著美食家個人對人生的體驗與美感的追尋，對美食的資訊性介紹與批評論述，或是尖酸刻薄，或是嘻笑怒罵，或是冷嘲熱諷，或是出神入化地描述美食經驗的神祕與不可思議……得到大眾瘋狂的反應。他們發表的言論，在一八〇三年列入年鑑，成爲大眾的美食參考指南。一八六六年，博里斯（Brisse）男爵甚至在當時的日報上刊登專欄評論美食，並進而倡導「布爾喬亞階級的物質主義革命運動」。到了近代，法國美食家的文字愈來愈輕鬆，在追求嚴肅的美食主義之餘，也給與大眾娛樂的空間，畢竟，那只是一頓飯而已！

巴爾札克曾提到：「豐盛而道地的家鄉料理，經過日積月累的沉思與研究，使得每道菜都成爲一道哲理。」

L'Art Culinaire
草地上的野餐

　　史前時代，人類爲了躲避動物的侵襲與氣候的寒冷，不得不隱藏在山洞中用餐，但渴望自由地在大自然野餐的心，始終不變，直到人類終於能夠控制自然，重新回到大地之母的懷抱，享受人與自然和諧相處的情趣。

　　法國的露天咖啡座世界聞名，但早在露天咖啡座出現之前，法國人就已經有露天進食的習慣。每年春暖花開時分，當第一道明亮溫暖的光線透過枝葉照耀著大地時，法國人便迫不及待地取出他們的桌椅與酒菜，準備來個庭院用餐。

　　對喜歡大自然的法國人來說，在鳥叫蟲鳴的森林或庭院中野餐，不但是享受，無疑地亦激發了他們敏感易動的心靈，使用餐變得更富情趣，心情也更爲自由。

　　在十八世紀的「光明時代」（Lumière），「草地上野餐」變成一種社會風尚。人們捨棄了桌子，帶著勾勒細緻花邊的白色大桌布、銀製餐器、水晶杯，成群結隊來到鄉下的森林中，享受前所未有的用餐情趣；之後，畫家、音樂家、美麗可愛的女子們也相繼加入這場彷彿「酒神的野宴」。這種「草地上野餐」的風尚，到了布爾喬亞時代，變成一種很矯情的儀式。穿著高白領的男士，被穿著如同上教堂般的太太們緊跟著，笨拙地坐在地上之前，先仔細地察看草地上的小蟲或生物，以免待會兒牠們飛到盤子裡……雖然布爾喬亞階級並

喜歡大自然的法國人，在鳥叫蟲鳴的庭院中用餐不但是享受，也激發了他們敏感易動的心靈，使用餐變得更富情趣，心情也更為自由。

非那麼欣賞這種野地裡用餐的情趣，但是為了表示他們跟得上時代，這是個好的嘗試，至少，他們可以呼吸到新鮮的空氣⋯⋯

身受大都市之苦的巴黎人，在十九世紀末期，興起到郊外散步和划船的風潮。尤其是一八三七年巴黎聖拉撒爾（St-Lazare）火車站的通車，使得巴黎人可以更隨心所欲地到鄉村度個悠悠哉哉的假。

當巴黎人不到鄉村度假時，就是到郊外野餐。這股強大的風潮甚至使得藝術家相

繼以此為題，發表了不少傑出的創作，如馬內（Edouard Manet， 一八三二～一八八三）的名畫「草地上的午餐」（Déjeuner Sur L'herbe）等。

「草地上野餐」中，受歡迎的食物無非火腿片、乳酪、冷米粒加沙拉調配的尼斯沙拉（Salade Niçoise）、優格、法國麵包、年輕易飲的紅酒等偏冷的食品；不過，十九世紀時，最受歡迎的野餐食物卻是「煮蛋」，據說是因為方便攜帶，又不會有任何安全顧慮。

直到現在，我依舊非常懷念那段與三兩好友在法國「草地上野餐」的時光，享受暖暖陽光下陣陣花香、草香隨著微風輕拂臉頰，以及大自然蟲聲鳥鳴所演奏的自然交響曲，不知不覺中，我已經與自然融為一體⋯⋯

L'Art Culinaire
魅力無國界的牛角麵包

在法國住久了，現在回到國內還是習慣早餐喝咖啡配「牛角麵包」（Croissant）。但是，這個在國內非常受喜愛的牛角麵包，並不是起源於法國，而是來自其他國度的「舶來品」。

其實，嚴格說起來，在法國，麵包是麵包，即法國人所謂的 Pain，如國人熟悉的法國麵包（Baguette）；但是，如牛角麵包等奶油麵包捲，卻是法國人通稱的「維也納甜麵包或甜點」（Viennoiserie），有點類似我們的甜甜圈或美式 Donuts，有巧克力、果醬、奶油、葡萄乾等多種口味。

而「維也納甜麵包或甜點」中最遠近馳名的，就是如彎月型的「牛角麵包」。這個如彎月的麵包造型靈感來源眾說紛紜，其中最為人稱頌的是來自土耳其軍隊人手一把的「土耳其彎刀」。

一六八三年時，土耳其軍隊大舉入侵維也納，卻久攻不下。土耳其將軍心焦之餘，心生一計，決定趁夜深人靜，挖一條通到城內的地道，準備不知不覺攻入城內。不巧的是，他們鶴嘴鑽子鑿土的聲音被正在磨麵粉、揉麵糰的麵包師傅發現，連夜報告國王，結果土耳其軍無功而返。為了紀念這個麵包師傅，全維也納的麵包師傅都將麵包做成土耳其軍隊旗上那個彎月的形狀，以表示是他們先見到土耳其軍隊的。

但是，對基督徒而言，牛角麵包的形狀如同彎月，似月亮升起時，象徵「基督的死亡與再生」。在聖體儀式中，當基督徒將牛角麵包配象徵「基督血液」的紅酒時，表示對基督身體與血的尊重，並沉思基督再生當時的情景。

對亞述人而言，拜月是非常重要的儀式。在

法國人通稱的「維也納麵包或甜點」（Viennoiserie），有點類似我們的甜甜圈或美式 Donuts。

在 Flûte Gana 麵包店買麵包的老巴黎人。麵包是他們每日的食糧。

聖餐時，亞述人以如彎月造型的牛角麵包與紅酒做為聖餐的食物。

到了波斯人手裡，牛角麵包係「保證再生」的象徵物，在死亡儀式中交給死者。四世紀時，一個死者的石碑上，就刻著一名男子離開妻兒到另一個世界，臨行之前，妻子交給孩子一個牛角麵包，要孩子交給父親，表示確信他未來會再生。

在巴黎還有另一個傳說：很久以前，一個希臘巫師曾寫一封信給月亮女神，在信箋封口處，蓋著一個彎月的圖章。當時的圖章，都是麵包師傅以麵包做成的圓戒指形，後人則將這個圖案做成現在的牛角麵包。

十二世紀時，法國某些鄉下地方稱這種麵包為「小的牛角」，而牛角的形狀又使人聯想到「彎月」。在當時，每到逾越節時，修道院的僧侶們總會製作成簍的牛角麵包做為餐點，表示「基督再生」之意。

無論何種傳說或考證，牛角麵包的魅力是無可匹敵的，建議你們早餐時，搭配一杯咖啡牛奶（Café au lait），再加些果醬，很不錯喔！

chapitre2

改變法國料理
的廚師們

這些廚師與顧客保持直接的接觸，

不眠不休地工作，

只為了追求至高的完美境界；

他們的料理出於內心，

蘊育自個人的人生經驗，

代表的正是法國的飲食藝術……

Les Chefs Cuisiniers
美食外交官——
馬利－安東尼・卡漢姆（Marie-Antonin Carême）

　　以製作糕點聞名的廚師馬利—安東尼・卡漢姆，一七八三年生於巴黎貧民窟一個姊妹兄弟眾多的家庭，十歲左右就流落街頭討生活，被一間小餐廳的老闆收留，在那兒，他學得了烹飪的基礎。

　　十六歲時，卡漢姆隻身來到巴黎位於威維納（Vivienne）街最有名的糕餅店「巴里」（Bailly）當學徒。震懾於卡漢姆的才華與學習意志，店主允許他每天抽空到當時巴黎「國家圖書館」的銅版畫收藏室研讀。他自建築結構中獲得源源不斷的靈感，以建構那偉大的夢想：立體的蛋糕。

　　當卡漢姆的成品推出後，贏得了廣大的回響，第一個報價，就是尚・阿佛斯（Jean Avice），巴里的主廚，建議並鼓勵他到當時的政治家塔勒宏那裡工作。當時，塔勒宏家的餐會是全歐一流的，主廚布歇（Bouchée）專門負責塔勒宏在國外的外交餐會，無數合約都在成功的餐會中達成協議。塔勒宏和他的主廚們在歐洲大小外交場合贏得尊榮，有一天塔勒宏更對路易十八說：「陛下，我需要有柄平底鍋勝過知識。」

　　卡漢姆指導塔勒宏的廚房達十二年之久，也曾為英王喬治五世、俄國亞歷山大一世沙皇工作。某日，沙皇對塔勒宏說：「卡漢姆教會我們如何吃，這在過去是無法想像的。」卡漢姆後來陸續為維也納宮廷、英國大使館、巴拉絲榮（Bagration）公主、史都華貴族工作，最後於羅起德（Rothschild）男爵處度過晚年，並且實現了夢想：出版一本有關他的時代、他的「糕餅師傅」職業的書。

　　卡漢姆出版的書籍包括一八一五年《別出心裁的糕餅師傅》（Le Pâtissier Pittoresque）、一八二二年《法國大飯店老闆》（Le Maître d'Hôtel Français）、一八二五年《巴黎皇家糕餅師傅》（Le Pâtissier Royal Parisien）及一八三三年《十九世紀的烹飪藝術》（L'Art de la Cuisine au XIX Siècle），並發明兩種著

名的甜點：Borchtch 及 Koulibiac。

卡漢姆不僅是理論者，也是真正的廚藝高超者。他的料理不但口味精緻，
也相當重視整體裝飾和優雅的格調，這些特色使他成為真正法國精緻美食料理
的創立者。巧妙運用完美廚藝的結果，使得卡漢姆成為有史以來第一位完美的
「美食外交官」。此外，他還創造了許多食譜，尤其是 Sauce 與湯；根據《烹
飪藝術》（*L'Art de la Cuisine*）記載，共有法國的一百八十六種與其他國家的
一百零三種。

由於自豪在廚藝界的表現，卡漢姆決定創立一所廚藝學校。在這所學校中，
他將所有法國最優秀的主廚集結起來，希望達到「重現法國古典傳統的美食之

美」，並且向後代證實，法國在十九世紀時即擁有全世界最美、最聞名的烹調藝術。

除了設立烹飪學校、從事寫作外，卡漢姆還重新改革舊有的烹調器具，並具體畫出改革的圖形，例如方便倒糖汁的有柄平底沙鍋、新型的模子，甚至廚師帽的細節設計。

他創造了「魚肉香菇餡酥餅」（Vol au vent）、「奶油夾心烤蛋白」（Méringues）等名菜，在某些食譜的設計上，非常強調裝飾效果勝過實質；有些食譜甚至以卡漢姆的名字來命名，例如「馬利－安東尼・卡漢姆火雞麵條」（Coq en pâte Marie-Antonin Carême）、「馬利－安東尼・卡漢姆羊肚菌圓餡餅」（Timbale de morilles Marie-Antonin Carême）、「馬利－安東尼・卡漢姆炒雞蛋」（Œuf brouillé Marie-Antonin Carême）、「馬利－安東尼・卡漢姆水煮蛋」（Œuf dur Marie-Antonin Carême）、「馬利－安東尼・卡漢姆水煮箬鰨魚」（Sole poché Marie-Antonin Carême）、「馬利－安東尼・卡漢姆鮮奶油野雞」（Faisan à la crème Marie-Antonin Carême）等。

卡漢姆逝世於一八三三年。

Les Chefs Cuisiniers
廚師中的國王──
奧古斯特・艾考菲耶（Auguste Escoffier）

　　另一位十九世紀末、二十世紀初的傳奇人物，是改變法國料理歷史的大師奧古斯特・艾考菲耶。他一八四六年生於菲勒弗─陸貝（Villeneuve-Loubet），一九三五年於蒙地卡羅（Monte Carlo）去世。

　　艾考菲耶的學徒生涯始於十三歲那年，剛開始在舅舅的店裡工作，那家餐廳當時是尼斯（Nice）最好的餐館；之後在巴黎、盧森、蒙地卡羅的經歷，更豐富了他的創作。一八七〇年起，他主持騎兵長官巴薩尼（Bazaine）的餐廳，並在一八九二年由德王古勒姆二世（Guillaume II）頒爲「御廚」。巴黎 Ritz Hôtel 的創立者 César Ritz，曾資助他在倫敦開設 Savoy 餐廳。一八九八年，César Ritz 推選艾考菲耶爲倫敦 Carlton 餐廳的主廚；一九二〇年時，他更被尊崇爲有史以來最受國際歡迎的廚師。艾考菲耶的廚師生涯歷時六十二年，被尊爲「廚師中的國王，國王的廚師」。

　　艾考菲耶的著作包括一九〇三年與基貝（Philéas Gilbert）和費士（Emile Fétu）合寫的《烹調指南》（*Le Guide Culinaire*）、一九一一年《伊比鳩魯的記事本》（*Le Carnet d'Epicure*）、一九一二年《食譜》（*Le Livre des Menus*）、一九二七年《米》（*Le Riz*）、一九二九年《鱈魚》（*La Morue*）及一九三四年《我的料理》（*Ma Cuisine*）等。

　　食譜方面，艾考菲耶創作了「Jeannette 冷熱盤」（Chaud froid Jeannette）、「晨曦仙女的大腿肉」（Cuisses de nymphe aurore）、「Réjane 沙拉」（Salade Réjane）、「Rachel 的小鵪鶉」（Mignonnettes de cailles Rachel）、「Melba 水蜜桃」（Pêche Melba）。除此之外，他還幫助昔日夥伴喬瑟夫・豆南（Joseph Donon）將兒時住所改建爲「烹調博物館」。

　　艾考菲耶不僅是創作者，同時也是烹調工作的改革者。他建立廚師謹小愼微、乾淨、不喝酒、不抽菸、不在廚房大叫的「新形象」，並且重新思考西班牙、德國的 Sauces，以較有吸引力且容易消化的肉汁、煙燻或濃縮湯汁取代太過濃郁的 Sauces。

Les Chefs Cuisiniers
留名美食界的料理大師——
博斯伯・摩答內（Prosper Montagné）

摩答內一八六四年生於卡卡松（Carcassonne），一九四八年去世於瑟福（Sèvres）。摩答內是卡卡松一家旅館老闆的兒子，剛開始在土魯茲（Toulouse）一家旅館的廚房工作，接著先後在巴黎、Cauterets、San Remo及蒙地卡羅最大的幾家餐館磨練廚藝；之後，再度回到巴黎擔任 Armenonville餐館的主廚，然後相繼於 Ledoyen、Grand Hôtel 工作。

在一九一四年至一九一八年的第一次世界大戰期間，摩答內組織了中央軍部的伙食團，在北美待過一陣子，並成為芝加哥屠宰場的總裁；其後他回到了巴黎，在 Echelle 街開設了一家餐廳，旋即成為巴黎最好的餐廳之一。

那段時間，摩答內創作不少食譜，同時創辦了法國第一屆烹飪比賽，舉辦多次美食展，他的名字因「博斯伯・摩答內美食俱樂部」（Prosper Montagné Club）而流傳下去。這個專業的組織由荷那・摩倫（René Morand）創建，是為了紀念廚藝大師及他們流傳下來的技藝而成立的。

Mont-Bry 是摩答內的筆名，在很多他發明的食譜上都可以見到這個名字，例如 Mont-Bry 的底菜：Parmesan 起司的菠菜泥、小牛肉配上白酒調製的Sauce、配牛肝菇奶油醬。

摩答內的著作包括一九○○年與博斯伯・沙勒斯（Prosper Salles）合作的作品《有插畫的偉大料理》（*La Cuisine Illustrée*）、一九一三年的《精美料理》（*La Cuisine Fine*）、一九二九年的《料理全書》（*Le Grand Livre de la Cuisine*）及《地中海盆地美食寶藏，奧克的盛宴》（*Le Trésor de la Cuisine du Bassin Méditerranéen, le Festin Occitan*）、一九三八年和高恰克（*Gottschalk*）博士合作編輯《美食百科全書》（*Larousse Gastronomique*）等。

第二次世界大戰時，需要「定量配給券」才能領取糧食，摩答內根據戰時的飲食經驗，於一九四一年出版《有無糧票的烹飪》（*Cuisine avec et sans Tickets*）一書，並相繼於一九○○年至一九四八年完成近乎二十多部作品。

Les Chefs Cuisiniers
料理藝術的革新者——
保羅・包庫斯（Paul Bocuse）

保羅・包庫斯已成為法國酒界
的代言人，其肖像出現在薄酒
來等酒瓶上。

　　法國近期的料理藝術革新者，首推保羅・包庫斯。

　　知道如何烹調是上帝賜與人間的恩惠，但就某種因緣際會而言，這也是一種命運的安排。包庫斯，法國當代無人能出其右的廚界奇人，一九二六年生於自一七六五年開始就世代相傳的烹飪世家 Collonges au Mont。從出生起，包庫斯周圍即圍繞了一群廚師。一六三四年時，他的祖先曾是金山（Mont d'Or）哥倫城（Collonges）的麵粉製造商。一七六五年間，磨坊的一部分被米契・包庫斯（Michel Bocuse）改建爲餐廳，然後傳給他的兒子菲勒貝（Philibert）。而尼可・包庫斯（Nicolas Bocuse）則買了一間旅館餐廳，後來也傳給三個兒子尚—諾勒（Jean-Noël）、尼可（Nicolas）和喬治（Georges）經營。

　　保羅・包庫斯年輕的時候，在費納・普安（Fernand Point）三顆星的餐廳「維也納金字塔」（Le Pyramide à Vienne）當學徒。普安是二十世紀法國最偉大的廚師，現在法國許多三顆星餐廳的主廚都曾在他的餐廳做過學徒，如包庫斯、Troisgros、Chapel 和 Bise 等餐廳的主廚。之後，包庫斯又繼續到巴黎的三顆星餐廳 Lucas Carton 鑽研廚藝。

　　在寂靜鄉間成長的包庫斯，很早就開始思考未來的種種可能。一九五九年，包庫斯回到家鄉，接手經營祖先留下的旅館餐廳，依其心意改建成傳統的法式餐廳，尤其是里昂式的，大廳內漂亮的桃木桌，每一餐因快樂與友誼僅僅服務四至五人；在這裡，他接受喝白開水的要求，但絕對禁止抽菸。他把很多老式傳統食譜的做法依時代的改變和客人需求進行改良，捨去多餘的麵粉和牛油，採用較清淡的橄欖油，讓客人吃起來比較清爽。

　　一九六一年，包庫斯當選法國最出色的美食工作者；一九六五年，他的餐廳

成為三顆星的高級餐廳，並且一直持續到現在，成為法國的一項紀錄。在他的
餐廳裡，有五位法國最傑出的工作者，包括他自己在內，其他如主廚羅傑‧佳
陸（Roger Jalou）在一九七六年獲頒法國傑出工作者，主廚尚‧佛勒利（Jean
Fleury）一九七九年得到法國傑出工作者，糕點主廚克里斯汀‧布法雷
（Christian Bouvarel）在一九九三年得到法國傑出工作者，餐廳領班畢巴拉
（Pipala）也在一九九三年得到此項榮譽。一間餐廳內，同時有五位法國傑出
工作者，也可以算是一項空前的紀錄。

　　每天上午，包庫斯親自到市場選擇品質最好、最新鮮的產品，這個準備工
作，是成就一頓好的法國餐的關鍵。選擇食物得依季節的時鮮性，如同尊崇
「儀式」的心情，例如家禽和野香菇類在秋天最新鮮，四月乃是草莓與櫻桃的
旺季。

　　包庫斯同時也是推展法國料理的外交家，經常到世界各地推廣法國菜，並且
出版了兩本法國菜的食譜。一九七五年時，包庫斯特地做了一道菜給當時的總
統季斯卡（Guiscard）；另外，他創作的菜還有以龍蝦為素材的「墨索酒龍蝦
凍」（Homard en terrine au Meursault）。

Les Chefs Cuisiniers
崇尚簡單的自然主義者——
費納‧普安（Fernand Point）

另一位五〇年代對法國料理影響深遠的人物，就是前面提到的費納‧普安。

普安是第一位使用大盤盛小盤方式服務布爾喬亞階級的廚師；另外還運用大盤子、黎莫吉（Limoges）的餐具、白色的桌布、鐘形罩、巴卡拉（Baccarat）玻璃杯，整個餐桌布置傳達出的氣氛，如同節慶般熱鬧。他也是第一位嘗試使法國菜的口味走向清淡，更傾向於顯現食材本身原始風味的廚師。

普安傳達了一個非常重要的概念：愈「簡單」的東西愈難表現，但是，這卻是烘托出菜肴本身「高貴內在」的唯一準則。大自然賦與食物最獨特的個性，在它面前，人類是很渺小的，應該謙虛地退居大自然後面，盡力維護它賜與我們的。

第一個發明鐘形罩等特殊餐具的費納‧普安，將餐桌布置得如同節慶般熱鬧。

Les Chefs Cuisiniers
蘊育自人生經驗的料理——
二次大戰後法國廚師剪影

二次大戰結束後那段時期，對餐廳而言是重要的轉機，人們又重新回到餐廳享受清淡爽口的美食；而廚師們也一改往日的作風，由幕後的廚房走向幕前，親自與顧客打交道，以便更了解客人的想法。

在美食年鑑《米其林》（*Michelin*）中獲選三顆星餐廳的廚師，被認為代表餐廳的靈魂。他們的料理出於內心，蘊育自個人的人生經驗，代表法國的飲食藝術。這些廚師與顧客保持直接的接觸，不眠不休地工作，只為了追求至高的完美境界；比如每隔一段時間重新裝修飯廳，營造舒適的環境，不斷地調整菜單內容以求新求變求得完美，以及熱情的接待人員。當所有外在的客觀條件都能配合時，廚師方能專心致志地研究開發新的烹調技巧，餐廳的飲食內容才可能革新。

當廚師滿懷著「愛」來烹調，為所愛的人下廚時，繁重的準備工作似乎變得較為輕鬆，做出的滋味也出乎意料地好。法國當代天才型大廚亞倫·巴薩德（**Alain Passard**）曾對我說：「每一天當我走入廚房開始一天的工作之前，我總會例行地到大廳向客人問候，但當我發現大廳中的顧客沒有半個是我認識的人時，我那一天的工作心情會很低落。」中國人常說：「世上最好的東西，總帶有媽媽的味道。」因為，那是愛的味道。

另外一個重要的關鍵，是法國菜很重視最後那一點「即興創作」。在最後一筆完結的觸點下筆之前，總有一點猶疑與不安，然而「料理」本身即慾望的反映，需要採取主動，敢於冒險，勇於嘗試；而所有一切的一切都有一個前提：不能企圖篡改食物的原味，必須遵守烹調的原則。所有的創作都根植於傳統，沒有任何改革是無中生有的。因此，任何傑出的廚師都必須鑽研傳統料理，再自其中自由地、即興地建構出適合當代的口味。

在料理的世界裡，沒有人「發明」。所有的人都使用同樣的、幾世紀以來所

有前人都用過的相同材料。

　餐桌是一個神聖如祭壇的地方。它被妝點打扮成慶祝友誼與歡樂的樂園，將大自然賜與人類的食物，以愛與喜悅變化出一道道充滿愛與尊敬的佳肴美酒，和所愛的人一起分享，而這正是法國料理最神奇動人的地方：製造歡樂！分享歡樂！傳送歡樂！

chapitre 3

法國的餐廳

法國餐廳的種類不勝枚舉，

從象徵法國文化的「咖啡館」，

到洋溢濃濃家鄉味的「酒吧間」、

強調家鄉道地料理的「啤酒店」、

布爾喬亞風格的「精緻美食餐廳」、

追求快速方便的「速食餐廳」，

以及田舍風味的「小旅館」……

Les Restaurants
匯聚思想與文化的舞台——
咖啡館（Café）

　　法國餐廳的種類不勝枚舉，從最受歡迎、象徵法國文化的「咖啡館」（Café），到受美式速食餐廳影響日益衰微的「酒吧間」（Bistrot）；而強調傳統菜、家鄉道地料理的「啤酒店」（Brasserie），在法國一片「傳統菜」、「家鄉料理」的復古風中，似乎有起死回生之勢；承襲皇室貴族、布爾喬亞料理風格的「精緻美食餐廳」（Restauration Gastronomique），有些甚至位於具有歷史價值的建築物或大飯店內，建築古色古香、裝潢金碧輝煌，光廚師、助手與服務人員加在一起就有一百人之多，在此等地方享用美食，彷彿受到王公貴族、政經名流般的禮遇；受美國「漢堡、薯條、可樂」快速、便宜、方便、不拘禮節影響的「速食餐廳」（Restauration Rapide），逐漸侵蝕了標榜「吃就是藝術」的法國料理，正在顛覆凡事講究「精緻」、「慢條斯理」、「用餐禮儀」的法國餐飲文化；還有一個不能不提的「小旅館」（Auberge），給我最親切的回憶與家庭式菜肴的溫馨，至今一直都無法忘懷。

　　就從最受歡迎的「法式咖啡館」談起。通常這種店也兼售菸酒，間或賣些簡單的法國麵包三明治、沙拉、肉凍冷盤，過去法國人稱其為「刀叉午

餐」（Déjeuner à la fourchette）。

世上第一家咖啡館，據說一五五○年開在土耳其君士坦丁堡；而巴黎的第一家咖啡館則於一六七二年由一位名爲巴斯卡（Blaise Pascal）的亞美尼亞人開設，除了 Espresso café 外，還供應傳統的法式雞尾酒 Kir（一種混合麝香白葡萄酒 Muscat 與覆盆子或櫻桃口味的利口酒）。但是，逐漸地，咖啡成爲葡萄酒、酒精性飲料之外，最受法國人傾心的社交性飲料。

在咖啡館中，形成另外一種新的生活型態。人們在咖啡館讀書、寫作、下西洋棋、玩牌、抽菸、聊天，思想南轅北轍的人、對時局不滿的騷人墨客，都來此交換想法。法官兼作家孟德斯鳩（Charles-Louis Montesquieu，一六八九～一七五五）在《波斯的信函》（Persian Letters）一書中曾說：「如果我是此地最高權力的掌管人，我會下令關閉所有咖啡館，因爲那些經常逛咖啡館的騷人墨客，最容易沸騰他們的批判思想。」

在咖啡館裡，人們批評一切，包括政治時局。第一位在咖啡館公開發表演說的爲著名政論家德穆里（Camille Desmoulins，一七六○～一七九四）。一七八九年七月十三日，德穆里在建於一七二五年的巴黎皇宮附近廣場上的「佛依咖啡」（Café de Foy），做了一場熱血沸騰的演講，爲法國大革命點燃引線。

法國大革命平靜之後不久，咖啡館老闆們又紛紛在涼台、騎廊下的人行走道設立露天咖啡座，人們經常可以在這裡遇到著名的藝術家。尤其是巴黎「左岸咖啡」，以悠久的人文傳統聞名，不少法國大文豪在此寫下他們的不朽著作。例如聞名世界的「雙叟咖啡」（Les Deux Magots），自一八七五年開幕以來，即成爲巴黎文學家、藝術家匯萃的地方；此店一直爲法國文人西蒙·波娃（Simone de Beauvoir，一九○八～一九八六）的最愛及其伴侶沙特（Jean-Paul Sartre，一九○五～一九八○）的次愛選擇（沙特的最愛爲 Le Procope）。另一間位於聖傑曼大道（St-Germain-des-Près）的「花神咖啡館」（Flore），亦以《情人》（L'Amant）一片聞名。至於右岸的咖啡館，則多爲明星、觀光客看完表演後稍做小憩的地方。如位於香榭麗舍大道上的「傅柯咖啡」（Fouquets），充滿了六○、七○年代電影明星、歌星、

舞台劇紅伶、藝術家的閃亮簽名照片、素描，是擁有無數甜蜜回憶的 French Hollywood。

自從十九世紀奧佛涅人（Auvergnats）到達巴黎以來，各種商業交易就在咖啡館漸漸展開。咖啡館還兼賣煤炭、算錢機（即現在的收銀機）、茴香酒、菸草、獎券、汽車的納稅票證等。

「咖啡館」幾乎成為法國的形象代名詞。在這兒，人們可以打開話匣子天南地北地聊，不少文學家、戲劇電影導演、幽默作家、詩人幾杯酒下肚後，許多驚人的念頭一籮筐傾吐出來，嚴肅的字句因酒精的作用而抹上不真實的色彩。大約，喝酒後吐露真言，多半是出自肺腑，所以容易被當成瘋話。

我印象最深刻的，是在咖啡館遇到不少長得奇形怪狀的創作家與隨時等待被星探發掘的演藝學校學生。作家們的服飾有些可以比擬拾荒老人：頭戴扁皺褪色的鴨舌帽，身穿風衣；有些臉像風乾的柿子，皺紋如用刀刮過的痕跡，錯落不均地分布在臉龐，失去平衡的下巴，則如剛被拳擊手的左勾拳擊中般，瑟縮在束起領子的風衣中，獨坐角落，一手搖著吞雲吐霧的菸頭，一手在紙上沙沙地默默耕耘著……就在當下，所有美麗的愛情故事與經典名著，就這樣在一杯小小的、濃縮的 Espresso café 中誕生了。

咖啡館當然也是戀人約會最好的地點，無論是苦戀、暗戀、單戀、熱戀或畸戀、失戀，甚或老夫老妻、新婚、情侶等，都喜歡在咖啡館耳鬢廝磨。每到春天，整個巴黎咖啡館前的露天咖啡座便擠滿了熱戀的情侶，成為巴黎觀光特色之一。雖然法國咖啡館供應各式冷盤、簡餐，但是，熱戀中的情侶往往只飲愛情的汁釀，無需物質三餐，任由桌上的咖啡由滾燙轉冰涼。至於老夫老妻，在經歷過多變世事，如還能珍守此生愛情承諾，僅一杯咖啡也足夠繫住兩顆已融化一體的心；倒是相處有些時日而感到熱情逐漸疲軟的夫妻或情侶，不是兩者各持咖啡杯各視一方，望著不同的方向做夢，就是大口大口地啖著三明治來搪塞兩人情感的鴻溝。

所有法國美麗的愛情故事與經典名著，都在一杯小小的 Espresso café 中誕生。

Les Restaurants
吃的「新」生活哲學──
速食餐廳（Restauration Rapide）

「速食餐廳」不僅包含美式麥當勞等速食餐店，也涵蓋了咖啡廳。這些餐廳專事提供冷熱食物，大多為事先準備好的冷凍食品，並於櫃台或自動販賣機出售，沒有任何服務可言，人們或站或坐著吃，快速地「吞」一餐。

我一直很排斥速食餐廳，但是，無可避免地，這種便宜不到哪兒去，又充滿番茄醬、胡椒粉、鹽與牛油的高卡洛里漢堡薯條套餐，已經成為與現代生活態度揉合的一種新式吃的哲學。不講究吃法、Self-service 的個人主義時代，連吃一頓飯都要如家中一般，只差沒有自己清洗餐具；而速食店中一貫的白光燈泡，總讓我想到太平間入口……甚至傳聞，漢堡的牛肉是以壓碎的泥鰍肉混成，想到這裡，我就難以下嚥。

這類餐廳大多設於大學、公司、高速公路休息站或大城市。今日愈來愈多法國新新人類選擇這類餐廳吃飯。在繁忙的工商業社會，「時間就是金錢」的觀念，使人們甚至錯認為「吃」變成不重要的事，只為了果腹而已。人們完全忘記了「吃飯」是一件等同於呼吸般的重要大事，需要用心經營才行。吃所帶來的歡樂是不能由這類速食餐廳提供出來的。

近來，法國大廚相繼投身「校園味覺運動」，幫助下一代重新恢復「味覺」。他們親自做出美味的法國傳統美食，並教導年輕的學童尊重每個材料的自然原味、尊重食客是法國美食的重要傳統。

揉合現代生活與個人主義時代的速食餐廳「新式」吃的哲學。

Les Restaurants
洋溢濃濃家鄉味的家庭式餐館──
酒吧間（Bistrot）

　　酒吧間的內部裝潢極盡簡單之能事，是一種介於豪華餐廳與咖啡館之間的家庭式餐館。在這裡，可以吃到許多家鄉的料理，諸如各式豬肉、火腿、香腸、乳酪，並有「當日特餐」搭配便宜的「日常餐用酒」（Table wine），還有由沙拉或湯、主菜及自新鮮草莓派、蘋果派、巧克力慕斯或鮮奶油水果泥中任選其一的甜點所組成的「套餐 Menu」，有點相當於我們的商業午餐，消費額大約八歐元至十歐元（約台幣三百二十元至四百元），可謂物美價廉。

　　酒吧間的出現在咖啡館之後，約始於十九世紀初期，一八一五年哥薩克（Cosaque）軍隊駐紮巴黎時，士兵們均在酒吧間以快餐來果腹。酒吧間的法文原名 Bistrot，來自 Bistreau，源起於法國西南部，原意為「放牛人」，指結實的男人；而通常酒吧間的老闆身材都魁梧高大，所以延用轉換為 Bistrot。

　　今日的酒吧間，因法國人對家鄉地區酒的日益迷戀而受到前所未有的歡迎。在首都巴黎，愈來愈多酒吧間成立。因為受到法國經濟不景氣的影響，沒有足夠的工作機會，導致愈來愈多法國人投身這個小本經營的行業；另一方面，對一向熱愛法國家鄉釀酒與地區料理的法國人而言，這正是一份結合興趣與現實的工作。

　　喜歡法國菜的朋友，如果有機會去里昂（Lyon），千萬不要錯過里昂的酒吧間。里昂菜如同里昂人，總帶著濃濃的鄉愁及里昂人特有的慷慨，只恨客人吃不飽。我還記得第一次吃里昂菜是在巴黎十四區一家奇特的酒吧間。

　　餐廳老闆尚‧尚里雍（Jean Chanrion）是一位有著兩撇彎彎翹翹法式紳士鬍的胖胖里昂佬。當時我的日本導演朋友很緊張又很神祕地對我說：「這家店的老闆脾氣很古怪，一個星期只營業兩個晚上，而且看不順眼的客人還不給進門，也不接受預約。不過，據說吃過他的菜的人，都絕不會忘記那濃濃的家鄉味⋯⋯」

受到法國經濟不景氣的影響,首都巴黎愈來愈多酒吧間成立。

　　當我和日本老饕朋友進入這個約二十坪大、卻有十來張桌子的狹小餐廳時,首先映入眼簾的是油油膩膩的壁紙上懸掛著的幾幅尚里雍諷刺詼諧的自畫像。畫中禿頭矮胖、身著髒兮兮油膩膩圍裙的他,剪影是高瘦而長滿頭髮、有點像長腿叔叔的紳士。尚的菜單全都是手寫的,潦草的字跡在黑板上飛舞著「今日菜單」(Menu d'aujourd'hui)幾個字。尚脖子上仍掛著油油髒髒的圍裙,卻毫不在乎地來到我們面前,邊摸著鬍子尾端,邊向我們介紹一道道菜的內容。

　　餐廳內幾乎清一色是法國人,這和巴黎或其他大城市一般法國餐廳多是國際人士聚集的情況不同。大夥兒都很自在地穿著家居服,三兩好友邊話家常邊用餐,人聲滾滾,在寒冷的冬天傳出熱呼呼的人氣。尚捧著一個長方形的陶土甕,內盛著名的里昂豬肉凍(Tête roulée),放置在餐桌旁的小原木桌上,還有一條法國鄉村麵包(Pain de campagne)則置於桌上的木頭板子上。不一會兒,他又拿出一瓶連標籤都被撕掉、卻隱約可以辨認的薄酒來(Beaujolais),猛地放在桌上,很豪氣地說:「里昂豬肉凍和麵包!你們高興吃多少就吃多少,Bon appétit!」

　　不待尚完全轉身,我即以迅雷不及掩耳的速度切下厚厚一片豬肉凍,接著又切下一片麵包,交疊著兩者,配著薄酒來,就這麼一口接一口吃喝起來,時間一下子彷若不存在,只有飲食的歡樂。

　　至今,我一直很難忘記那間油油髒髒的酒吧間、矮胖的廚師尚,以及里昂豬肉凍的濃郁滋味。

Les Restaurants
熱鬧喧騰的不夜城——
啤酒店（Brasserie）

「啤酒店」（Brasserie）這個字起源於專門製造啤酒的工廠，當時人們稱磨碎的大麥為 Brai。一八五〇年開始，當地人也稱消費「大麥飲料」的地方為 Brasserie，性質有些類似居酒屋。在那兒，人們可以同時享受道地的阿爾薩斯地方菜「醃酸菜配土豆豬肉」（Choucroute）搭配啤酒；或者生蠔海鮮盤配阿爾薩斯白酒。

除了上述兩種知名的菜肴外，在啤酒店也可以消費熱食，而其菜單內容的安排多為傳統菜肴，並且全天候提供用餐服務，甚至午夜時分依然有熱騰騰的餐點供應。有些啤酒店甚至二十四小時開放，人們可以在這裡吃到「尼斯沙拉」（Salade Niçoise）、「朗德沙拉」（Salade Landaise）、「洋蔥乾酪絲烘烤的麵包湯」（Gratinée à l'oignon）、美味的「鮮魚濃湯」（Soupe de poisson）、「勃根地蝸牛」（Escargots de Bourgogne）、「培根雞蛋派」（Quiche Lorraine）、「奶油煎裹粉箬鰨魚」（Sole meunière）、「酒燜子雞」（Coq au vin）、「牛肉蔬菜湯」（Pot-au-feu）、「古法白汁牛肉塊」（Blanquette de veau à l'ancienne）、「勃根地燉牛肉」（Bœuf Bourguignon）、杜爾的家鄉菜「扁豆燒肉沙鍋」（Cassoulet）、「地中海魚湯」（Bouillabaisse）等等。一言以蔽之，這些令人難忘的老奶奶遺留下來的家鄉料理，為法國菜聞名世界的主因。

全世界最老的啤酒店一五八九年設立於德國巴伐利亞的慕尼黑市，這家老店至今仍存在。啤酒一直為受大眾歡迎的飲料，通常啤酒店的擺設也大多承襲傳統，使用木桌及木製的長板凳。雖然巴黎的啤酒店設立很早，但剛開始只有少數幾家，直到一八七〇年戰後，阿爾薩斯人及洛林人往巴黎遷移，才將阿爾薩斯的啤酒店風情帶到巴黎，一時之間熱鬧喧騰的氣氛點亮了整個巴黎，為巴黎的「不夜城」之名更添丰采，也成為無數印象派畫家、作家筆下最愛的題材之

啤酒店熱鬧喧騰的氣氛點亮了整個巴黎，為巴黎「不夜城」之名增添丰采，也成為印象派畫家、作家筆下最愛的題材。

一，左拉的小說《酒店》（*L'Assommoir*）更全然以此為背景。在一八四〇年到一九四〇年間，常可見到作家、藝術家、政治家及記者圍坐在啤酒店內桌子旁玩牌、喝酒、聊天、下棋、寫作的景致。

現今在巴黎，仍可見到下面幾家古老的啤酒店：

● 「麗圃」（LIPP），位於第六區的聖傑曼大道，至今仍延續著 Pousset 的傳統，是記者與作家匯集之所。

● 位於巴黎第十一區巴士底附近的「玻分閣」（Bofinger），以及位於巴黎第十區小馬廐通道的「佛塽」（FLO），內部擺設仍保留一九〇〇年代的氣氛。

● 位於巴黎香樹麗舍大道上第八區的「阿爾薩斯屋」（La Maison d'Alsace），也是非常值得拜訪的地方，從建築外形就依稀可感受到阿爾薩斯特別的建築風景特色：尖長的屋頂、木頭樑架。

● Le Procope，位於巴黎第六區的古喜劇街，是巴黎歷史最悠久的老啤酒店，由著名的義大利人法蘭西斯柯·波柯皮歐（Francesco Procopio del Coltelli）於一六八六年開設，隨即成為文人、藝術家、政治家與哲學家的聚會之所。

啤酒店在法國的重要性，並未如英國或德國一般。在這些國家，人們在啤酒店唱歌、跳舞、喝酒、打撞球，放縱情感奔流，那是人們每天約會的地方；但在法國，這個日常生活的主角卻多半由咖啡館擔綱。

Les Restaurants
You are the King!──
精緻美食餐廳（Restauration Gastronomique）

「精緻美食餐廳」在一般人心中，等同於高級餐廳的代名詞，但是 Gastronomie 的原始含意卻是「無論在任何情況與任何年齡下，創作一切好的東西的藝術」。

首先將 Gastronomie 與美食聯結在一起使用的，是貝舒（J. Berchoux）所著的《美食：餐桌上的人》（*Gastronomie-l'Homme des Champs à Table*）；而第一次將這個字載入書籍，則是一八○三年克茲・馬格納（Croz Magnan）所寫的《巴黎美食》（*Gastronomie à Paris*）一書。一八三五年，法蘭西學院更將 Gastronomie 這個字正式載入字典。至於 Restaurant 這個字則出現於十六世紀，原意為以食物來恢復元氣。

一般而言，這類餐廳的服務員都歷經嚴格的專業旅館服務訓練，餐廳內設專業的品酒師，並且有主廚精心設計的「品嚐 Menu」（Menu dégustation）及菜單（Carte）。來這種餐廳用餐，需身著正式宴會服，並事先訂位，用餐時間則必須遵守餐廳的規定。通常男女一起用餐時，只有給男性的菜單上才會註明價目，所以，喜歡美食的妳，請好好在法國利用這「入境隨俗」的機會，邀請妳的男朋友進行一次「愛情測驗」，試試他的紳士風度如何：是否選擇最好的位子給妳？是否先幫妳拿著脫下的大衣，拉出椅子等候妳入座？傾心而有禮地詢問妳喜好的菜色、酒種，幫妳設計出最好的「情人套餐」？付帳時，通常服務員會以非常技巧的方式將帳單藏在餐廳的名片下，身為女士的妳，此時不需面有難色，而是應該若無其事地說：「今晚的菜肴與美酒的搭配真是完美極了！這家餐廳真是我吃過最好的一家。」通常，這樣的話會使妳對面的男士付帳時少些痛楚；若是妳再給他一個燦然的微笑，我相信，他會帶著妳入夢。

其實，在這種餐廳吃飯的快樂除了享用美味可口、精緻但昂貴的佳肴外，還有兩個最大的享受，其一即為享受如維多利亞女王般王公貴族的待遇。一百多

正沉緬於透著神祕魔力的松露奶油湯中的法國廚師。

位員工環伺著你，嚴密而惶恐地注視著你的一舉一動，你的任何小動作都會使得他們鼻尖的汗珠滴落；你稍微皺一皺眉頭，喝湯時清一清喉嚨發出的含混聲音，手指尖輕劃過桌布，刀叉相撞的聲音，都會變成極具刺激性的音符，在豪華而冰冷的用餐大廳裡，激起一種近乎迴音的詭異效果，飄然間，你會以為「I am the King！」

另一項享受則是欣賞用餐的顧客。在這兒，可以發現各形各色的客人，前來過結婚週年慶的夫妻、談生意的商人、電影明星、成名的藝術家、作家、政治家等；最稀奇的是，某次用餐時，我在那兒遇到巴黎著名的華人美食家。他是第一位到達餐廳的顧客，安靜地坐在轉角靠牆壁的位子，身穿簡單而寒酸的西裝外套、未打領帶的白襯衫，身材瘦弱矮小，鼻梁上則架著一副黑框眼鏡，嚴肅而專注的眼神，彷彿在沉思……他一言不發，專心地觀察盤中的每個細節，進身聞聞盤中傳送出的香氣，細心地將盤中物以刀叉輕撥，並切成小

塊，沾點 Sauce，再逐一往嘴裡送，這一聞、一看、一嚐的動作，以合作無間的韻律感進行著。大廳其他人與他之間好像建築了一道無形的牆，此刻的他是身處於一個完全與現實隔絕的世界。我看著他，他卻連眼簾也未抬一下。難道，美食的世界是如此迷人，比世間更令他滿足嗎？

談來談去，卻忘了談美食餐廳的歷史了。第一家正式的法國美食餐廳成立於一七八二年，名叫「倫敦的大酒店」（Grande Taverne de Londres），位於巴黎第二區李察里佑（Richelieu）街。該餐廳的主人為安東尼‧包菲利耶（Antoine Beauvilliers）。

包菲利耶曾經為普羅旺斯的伯爵擔任主廚，也曾身著軍服，被顧客以劍點兩肩，正式受封為「味覺榮譽騎士」。對包菲利耶而言，那真是畢生難忘的回憶。他對賓客非常熟悉，能摸熟他們的脾性，切合需要做出適當的建議。

包菲利耶的菜單安排極具特色，如「菠菜配炭火烤的崁豬油小牛肉片」（Fricandeau aux épinards）、「鴨肉蘿蔔」（Canard aux navets）、「鯉魚魚精的圓餡餅」（Tourte aux laitances de carpe）、「山鷸熱餡餅」（Pâté chaud de bécasse）、「多菲內的小牛犢胸線」（Ris de veau à la Dauphine）等。為了表達出真正的法國料理藝術，他在一八一四年著作《廚師的藝術》（L'Art du Cuisinier）一書；此外，他也和另一位偉大的廚師卡漢姆合作，共同編寫《家常料理》（La Cuisine Ordinaire）。

法國高級餐廳的革命過程出乎意料地順利。特權的廢除，給與很多有才華的大廚師一展身手的機會。他們紛紛展開個人的冒險，客人則多半為政治家、文學家、藝術家、商人等掌握社會財富的新貴。

通常，一位才華卓越的廚師不但教導大眾品味，也引領大眾走向新的味覺境界。

十九世紀著名的記者及作家查理‧皮耶‧夢塞雷（Charles Pierre Monselet）曾表示：「美食是人世最高境界的享樂，不分年齡，不分身分；它給與美及精神的極致享受，操縱著寬容與雅致風流。」

法國權威美食評鑑——
《米其林》與《Gault & Millau》

談到美食家，就不能不提法國最具代表性的兩本美食指南：《米其林》及《Gault & Millau》。

《米其林》由知名的米其林輪胎公司延聘專業人士組成，自一九○○年出版，至今已印行了八十八版，爲世界知名的美食導覽，以星星爲餐廳分級，最高可達三顆星。三顆星的餐廳代表「廚藝完美」，現在總共約十七至二十家，每年都會有些微的更動；兩顆星的餐廳有六十至七十家，代表「非常不錯的餐廳」；至於一顆星的餐廳則高達一百五十家左右，意指「不錯的餐廳」。

《米其林》的評分人員在法國被稱爲「靠嘴巴吃飯的職業」（Métier de Bouche），這些專家都是從事餐飲、麵包、肉類、糕點、酒類相關行業達三十年以上的五、六十歲專業人士。評鑑標準是從進門的那一刻開始，招待人員的態度與方式，是否讓客人有賓至如歸的感覺？餐桌的布置、鮮花的搭配、餐具是否爲一流品質？諸如，酒杯爲水晶杯，盤子是瓷器製品，餐具則是純銀。空間感是否舒適？侍者如何出示菜單，如何解釋菜單的內容，如何建議客人適當的菜肴及上菜順序？端菜的方式及服務客人進餐的步驟：從盛菜、解釋每道菜的內容，到加滿水杯及酒杯等小動作。菜肴本身所用的素材是否爲最上等，盤中的擺設在口味、顏色、造型設計上是否都很用心？其他如底菜的搭配、烹調技巧等，都在考慮範圍。除了廚藝本身，酒窖的儲存、品酒師的專業素養，以及創意、餐廳的整體格調、飯後的消化酒與甜點安排、帳單的出示方式等，都在評分的參考項目之內。

《米其林》以傳統的做法評判法國餐廳與旅館的品質。一顆星都拿不到的餐廳，所在多是。《米其林》評分的嚴苛，是它得以傲視美食權威界的首要原因。經評鑑爲三顆星的餐廳，通常已經經過《米其林》至少數年的觀察，若是此餐廳的表現持續維持在水準以上，才會給與三顆星的評價，可謂追求「美食藝術的絕對完美之境」。但是，同爲美食美酒權威評判的《Gault & Millau》，則持與《米其林》完全相反的路線。

《Gault & Millau》是亨利‧高特（Henry Gault）及克里斯汀‧米羅

（Christian Millau）兩位美食記者於六〇年代創辦的，原本爲美食美酒雜誌，由一群非常專業且喜歡美食的記者組成，喜歡發掘新人，諸如「年度最佳廚師」、「各區明日之星」等項目，都是爲了鼓勵新生代廚師而設立的。此外，在表現形式上，《米其林》由專業人士組成，他們的選擇代表了一定的水準與專業形象，但是，不擅寫作的他們，永遠是寥寥數句代表性的酒名、菜名，最多加上開放及休息時間、價目等。這種方式很簡單，但對初學者而言，卻是過分硬性規定的教科書，只寫一些莫名所以的菜名，就得滿腔熱情地把錢掏出來，有一點太……但更慘的是，若想要在茫茫深山中找一間三顆星的餐館，可能需要廚師多在湯裡撒點阿里巴巴的香料才行。在這兩點上，《Gault & Millau》就善解人意多了。

首先，分區附簡圖，標示出餐廳的路線與路名，而不是讓你瞎子摸象地大海撈針。另一點值得稱許的，是《Gault & Millau》將每家餐廳廚師的特色、長相、老闆娘的美麗與親切的笑容、招呼客人的方式（說 Hello 還是點頭微笑）等細節，毫不遺漏地寫下來。當然還有那一道道可口菜肴的滋味、使用的材料、餐廳的布置、餐具，甚至廚師的美食哲學等也有記述，再加上一點該餐廳的歷史軼聞與廚師背景資料、抱負。對我而言，閱讀《Gault & Millau》如同讀一本「法國廚師列傳」與「美食冒險」的合輯，精采而引人入勝，讀完好比肚子裡裝滿了美食。

《Gault & Millau》絕對不只是一位冷靜嚴格的美食導師，而更像親切熱情的台灣美食夜市的小販，兜售現做熱熱的食物。

傲視美食權威界的美食寶典《米其林》和唯一可與《米其林》匹敵的《Gault & Millau》。

Les Restaurants
田舍風味的休憩站——
小旅館（Auberge）

「小旅館」原本設在修道院內，專供旅遊者及他們的牲口套車做旅途的休憩站，並幫助他們爲牲畜補充糧草及飽餐一頓。通常這些由修道院提供的住所都是免費的，直到十六世紀，小旅館才有商業交易行爲。

今日的小旅館是鄉間的旅館兼餐廳，通常位於隱密的林間小道或高山一隅，面對彎彎山峰，聽著蟲聲鳥鳴伴著清晨的第一道陽光迎接你起床；陣陣濃郁的草香、花香隨著微風自窗縫間透過；早上享受著剛擠出來的牛奶或羊奶，還有新鮮的雞蛋與自製的火腿與優格，再加上剛出爐暖烘烘的麵包；晚餐則圍坐在老式的火爐前，喝著熱騰騰的蔬菜牛肉濃湯，吃著道地的家鄉菜肴與地方美酒。這樣的生活環境本是「此景只應天上有，人間難得幾回聞」，但是在法國鄉間的小旅館卻可找到，它提供了一個安靜、讓人放輕鬆、隔絕繁擾塵世的所在。

通常這兒的氣氛很家庭化，設備也沒有豪華旅館繁重、氣派，飯菜大多爲簡樸的家鄉味料理，餐具則是很具地方特色、一般村民家庭用的器皿，但是旅館主人的招待卻一點也不比大飯店遜色，充滿了質樸的情趣。

在法國美食界，這樣結合了「田舍風味」與「旅館」特色的小旅館愈來愈稀少，很多都已經被迫歇業或改建成舞廳及現代化飯店；至今仍保存下來的少數幾家，仍以「田舍風味的旅館」（Hostelleries）、「烤肉館」（Rôtisseries）、「隱修院」（Prieurés）、「驛站」（Relais）等舊名出現。

一般而言，想要了解當地土產的捷徑，就是拜訪小旅館。因爲小旅館如同一扇代表當地風土文化的櫥窗，所有土產都融入菜單中，並經過他們的巧手天工，成爲一道道展現當地特殊風味的鄉村佳肴，例如起司、地方酒、香腸、香菇、蔬果、油、醋、香料、家禽類、野禽類、奶油等，所有產品都是手工業者自家製造，因精緻而只限於少量生產，通常無法在超級市場購買到這種品質的

產品。

　　在法國鄉村，八○％以上的法國人來自務農的家庭，「家庭」對他們而言是非常重要的場所，「一家人團圓吃飯」也是非常受到尊重的時刻。如今，日益都市化的生活雖然使得家人分散各地，無法再如往常般好好聚在一起吃一頓飯，但是，遇到特殊的節慶，如生日、宗教聚會、婚禮，甚至各種朋友聚會或小孩誕生、受洗，都變成家人聚集享受佳肴的良機。我曾經受邀參加過不少這樣的聚會，每次都是盡興而歸，成為生命中最值得紀念的回憶。

　　「一切來自大自然的，也應該與大自然共享。」法國人是尊重自然、喜好美食、美酒、美好人生、愛好與好友家人分享歡樂的民族。所有法國鄉下人每逢晴天時，總喜歡在露天庭院用餐，或者到郊外野餐。通常菜肴都以陶土製或銅製的大容器盛裝，上面擺置一副特大的、給巨人用的刀叉，先由客人以此副刀叉取用自己需要的量，再依序傳遞給下一位取用，主人通常是最後一位。用餐時通常男生坐一邊，女生坐一邊，這一點也不是「男尊女卑」的表現，而是男人們的話題多半圍繞農事與工作，女人多談孩子與食物，孩子們則在花園或森林中嬉戲，各依喜好分隔陣營。當男人與女人談話盡興後，會互相給與深情的注視，接著一對對夫婦或情侶牽著各自的伴侶，或在森林、或在大自然間，尋找幽靜的角落散步；而年輕人則彷若歡樂的森林仙子與酒神，圍成圈圈，又唱又跳。

　　法國有一句古老的諺語道盡一切：「告訴我你吃什麼，那麼，我也可以告訴你，你是哪一種類型的人。」

隱密於林間小道的鄉間餐廳旅館，通常氣氛家庭化，並多為簡樸的家鄉料理。

chapitre 4

地區性料理

「我無意間闖進這奇妙的栗園，

卻完全無迷路的懊悔，

反而充滿無上溫柔的喜悅，

因為我發現了這個美味的寶藏。

當地居民以無限的慷慨與熱情接待我，

讓我流連忘返……」

摘自皮耶‧貝侃《蘇賽哈克的午餐》

Les Cuisines Régionaux
融合嚴肅與歡愉的雙胞胎——
阿爾薩斯（Alsace）／洛林（Lorraine）

　　阿爾薩斯，融合了德國與法國兩地的文化，卻也呈現出一種完全的「阿爾薩斯風格」。路易十四在一六八一年剛接觸史特拉斯堡（Strasbourg）時所發出的第一聲讚歎，竟然是：「多麼美麗的花園！」小小的阿爾薩斯，僅占法國面積一・五％，卻因擁有不凡的靈魂而在世界獨樹一幟。

它的景觀非常獨特，傳統的屋子多由木樑搭成，屋頂高尖。此外，頸項長長的鸛鳥是阿爾薩斯的市鳥，若留心便會發現很多屋頂都築著鸛鳥的愛巢，成為當地的奇景之一。

Strasbourg
Ammerschwir
Gérardmer

對阿爾薩斯而言，沒有任何事比和三五好友共聚於父親們曾待過的餐廳中，圍坐在一張木桌旁，將餐巾緊緊地圍在下巴周圍，等待侍者端來一盤盤暖烘烘的食物更讓他們興奮了。在那兒，料理涵蓋了完全相反的兩種特性：一是嚴肅如日爾曼民族，另一方面享受歡愉如拉丁民族。

令人心醉神迷的無上喜悅

提到「阿爾薩斯風的料理」，當下出現的影像是胖胖的廚師手托著一只大托盤，搖搖擺擺地以華爾滋舞步扭到你面前，盤上高聳過他鼻尖的烤肉或文火慢燉的鵝或鴨肉還冒著熱氣，因蒸氣熱還在盤中不安地滾動的肥香腸，正以龐大的身軀覆蓋著盤面，再加上幾片臘肉，而可憐的白甘藍菜（Choux blanc）在左攻右夾下快要喪失自我了。另一道非常阿爾薩斯風味的「鵝肝蛋」（Œuf au foie gras），通常是以類似燉中藥的瓦罐或「石中劍」中亞瑟王尋找的長生不老之杯模樣的「金屬餡餅圓模」（Timbale）盛著。

談到鵝肝，就不能不提由尚—皮耶‧克勞斯（Jean-Pierre Clause）發明的「阿爾薩斯圓餡餅」（Tourte d'Alsace）。若不是他的努力，法國鵝也不會名滿天下。

克勞斯是十八世紀的傳奇人物，為崇尚美食的老饕克斯塔（Constade）侯爵掌廚。當時克斯塔侯爵剛被派到外省阿爾薩斯做軍事長官，每天面對了無新意的當地傳統菜肴，心情非常低落，於是命令克勞斯更新傳統菜的做法。絞盡腦汁的克勞斯，利用當地美味的肥鵝肝做引子，在圓餡餅的麵皮裡放置一片非常薄的肥肉和牛肉的肉餡泥，再於其上堆疊一整個肥鵝肝，最後覆蓋一層麵皮，以小火烤成這道圓餡餅。這個前菜在當時立刻受到歡迎，又名「克斯塔侯爵鵝肝」（Foie gras à la Marquise Constade）。

這個愛吃的侯爵也是深諳以美食做為晉身之階的老饕，他將一塊克斯塔侯爵鵝肝獻給了同樣愛吃的國王路易十六。國王試吃後，驚歎為：「激起心醉神迷的無上喜悅的佳肴！」當下將這道菜命名為「史特拉斯堡鵝肝圓餡餅」（Tourte du foie gras de Strasbourg）。自此之後，所有香腸店老闆都開始兜售這個名噪一時的菜肴。現在阿爾薩斯人多半將鵝肝揉軟成長筒形，再在其中塞入一些松露切片，這即是當下所稱的「科勒馬鵝肝」（Foie gras d'oie de Colmar）。

圍繞十字架的戒指

除了史特拉斯堡有名的肥鵝肝外，阿爾薩斯還有兩個聞名全法的特產：甜點「阿爾薩斯奶油圓蛋糕」（Kouglof）及麵包「8 字形鬆餅」（Bretzel）。

前者為以中空螺旋絞型的蛋糕模子烤成形狀如堆疊雪人的奶油圓球蛋糕（Brioche），裡面附有葡萄乾，出爐後在麵包上撒上糖粉，吃起來非常鬆軟香甜。通常阿爾薩斯人於星期六晚上準備好 Kouglof，然後等到星期天早餐時才食用，據說這樣稍稍不新鮮的味道吃來會更有滋味。當年瑪麗·安東尼（Marie Antoinette, 一七五五～一七九三）皇后對這個甜點情有獨鍾，當時法國糕餅店充斥了大大小小這種形狀的蛋糕，熱潮持續到十八世紀中期才退燒。

倒是奧地利人與波蘭人保存了傳統的做法，在民間廣為流傳。當卡漢姆在阿佛斯（Avice）糕餅店工作時，自奧地利史瓦茲伯格（Schwarzenburg）王子的主廚俄貞（Eugène）那裡獲得食譜，才又將這盡乎失傳的 Kouglof 帶回巴黎，自此成為阿爾薩斯的糕餅代表。在雷伯城（Ribeauvillé），甚至有 Kouglof 節慶，通常在六月的第二個星期日舉行。在德文中，Kouglof 代表「圓球」，是奶油圓球蛋糕（Brioche）的原始造型。而 Kouglof 也有鹹的版本，通常混合肥肉與核桃，再配上 Riesling 或 Pinot blanc 的清淡白酒一起享用。

造型獨特的「8字形鬆餅」。

充滿聖誕歡樂氣氛的 Kouglof。

「8字形鬆餅」則聞名如見麵包，8字的造型被鑲嵌在橢圓形圓環中。傳說，8字形鬆餅以前的造型是一只圍繞在十字架的戒指，為用來祭拜太陽的「聖物」，今日卻成為麵包師傅與糕餅師傅合作的象徵。

8字形鬆餅是於烤成金黃色的麵皮上刷一層蛋白汁及撒上一層粗鹽或枯茗（Cumin）後，再放入爐內以高溫烤成。其實，與其說8字形鬆餅是麵包，不如說是硬餅乾來得恰當，因為要慢慢地「啃」才能嚼出其中的滋味，吃起來讓我想到白啤酒，苦苦的，細細的麵粉粒又好像啤酒的泡沫。

老奶奶的大工程

如同中央庇里牛斯山的「扁豆燒肉沙鍋」（Cassoulet）、普羅旺斯的「地中海魚湯」（Bouillabaisse），阿爾薩斯的「醃酸菜配土豆豬肉」（Choucroute）象徵著阿爾薩斯人的「貪好美食」。

做這道主菜可是一件大工程，那些阿爾薩斯的老奶奶們，一大早拿著鐮刀到田園裡連抓帶砍地切下一大朵醃酸菜配土豆豬肉的主角——白甘藍菜，先以大

阿爾薩斯的獨特地方料理「醃酸菜配土豆豬肉」。

刀切成細細長長的條狀，在巨鍋中清洗後瀝乾，平放後再抹粗鹽，放置約三星期即可，有點類似我們的「泡菜」，切絲煮後吃起來則頗像我們的蘿蔔絲餡餅。

　　醃酸菜配土豆豬肉的組成內容因各家喜好有所不同。大致說來，傳統啤酒店的版本如醃豬胸肉、史特拉斯堡香腸、粗肥大紅腸、鹹豬排，有時再加上豬腳與馬鈴薯；吃時搭配啤酒，當然，道地的阿爾薩斯啤酒更美味。若恰好身邊沒有啤酒，Riesling 的酒或 Sylvaner 的酒也相當契合；有時會加上一點酸酸辣辣的櫻桃酒（Kirsch）當開胃酒。通常傳統的聖誕大餐也會有這道菜，但是做料更豐富，如 Montbéliard 的香腸、豬肩肉、煙燻培根和 Kassler 的豬裡脊肉，以及兩百種以上連專家都叫不出名字的豬肉製品。我曾在聖誕夜時，在朋友的祖母家中吃過這道名聞遐邇的阿爾薩斯菜，說實在的，一盤還好，第二

盤就有點不勝負荷，總覺得肚子裡充滿油。但是，隔了一陣子，又會想念阿爾薩斯醃酸菜配土豆豬肉鹹鹹濃郁的特殊香味。

說到阿爾薩斯的香腸，不由得讓我想到香腸中的至尊——阿爾薩斯的史特拉斯堡香腸或 Knack 香腸，價錢昂貴，但是卻非常精緻。「洛林香腸」（Lorraine saucisse）也是箇中極品，生的或熟的皆有；另外，小孩最喜歡的是「鵝肝香腸」（Saucisse de foie）或「牛肉香腸」（Saucisse de veau），通常切片後疊著麵包一起食用或是單吃；還有一種非常特別的「啤酒香腸」（Saucisse de bière），吃時搭配阿爾薩斯的啤酒；此外還有諸如黃連木的果實（Pistache）碎粒和豬舌頭肉混合的「黃連木的果實香腸」（Saucisse de pistache）、用豬血及肥肉混成的「黑香腸」（Saucisse noir）等等。

阿爾薩斯有一個非常奇怪的傳統美食：豬頭或野豬頭肉凍（La hure）。在巴黎，「野豬頭肉凍」的表現比較含蓄，將原始的豬頭刮皮去肉，放在容器裡烤過，再冷凍，便搖身變成一罈罈秀色可餐的肉凍；但是，在阿爾薩斯，野豬頭的下場就不同了，人們給它取了怪誕的名字：「紅豬頭」、「白豬頭」、「法蘭克福豬頭」。紅豬頭是將豬頭乳酪灌入大尺徑、牛羊大腸製的紅色薄膜汽球；白豬頭的餡則是以豬皮、肘子肉、豬頭肉做成；而比較小的白豬頭就叫法蘭克福豬頭。我比較喜歡的吃法是將香腸蒸熟後，配醃小黃瓜吃；喜歡的話，也可以蘸一點芥末食用。

美酒與乳酪的精緻享受

在阿爾薩斯沒有喝過阿爾薩斯白酒、逛過當地的啤酒店、飲過著名的開胃櫻桃酒或以藍色長頸瓶裝的李子燒酒（Quetsche），絕對不算來過阿爾薩斯。一向對奇異特產感興趣的我，還特地去了一趟亞梅史菲爾（Ammerschwir），品嚐以枸骨葉多青做材料、加糖、一次蒸餾製成的奇特白蘭地。據當地人表示，這種酒可以強身活骨，應該會受喜歡中國古老強精活血祕方的人士歡迎。

談到我心愛的阿爾薩斯白酒，就不能不說說幾

美味又營養滋補、內容千變萬化的「培根雞蛋派」。

個堪稱「精英級」的葡萄品種，諸如 Riesling、Gewürztraminer、Tokay（又名 Pinot Gris）和 Muscat 四大公子，以及閃閃發亮的葡萄明星 Sylvaner。用 Sylvaner 當主角釀製出來的酒，清淡爽口，生津解渴，果香濃，略帶高貴的苦味及辛辣口感。我親身試驗的結果，Sylvaner 最適合配中式咖哩或微辣的中式小炒（如宮保花枝等）。Riesling 可說是阿爾薩斯的第一品牌，雍容華貴的氣質比擬黛妃。除了動人的花香、果香外，產自頁岩土質的 Riesling，也帶有大地的礦石味道，爽口的酸度與深濃的果香，往往被視為最適合佐伴醃酸菜配土豆豬肉。此外，充滿香料香味與熱帶水果、玫瑰花香的 Gewürztraminer，因特殊的「香料」味得名（Gewürz 即為香料之意），搭配阿爾薩斯味道最強的 Munster 乳酪是上上之選。

Munster 乳酪之名源自 Monastère（修道院）這個字，當地建於十二世紀的修道院裡的修士，鼓勵並傳授村民製作乳酪的方法，勵行田園生活。為了製作出最精純的品質，阿爾薩斯牧人來到比森林還高的一千公尺山上，在那裡搭起無樹木的牧場。

阿爾薩斯牧人製作的 Munster 乳酪在洛林區也受到空前的歡迎，當地的公爵們都慕名購買這種乳酪。他們要求在 St-Jean 浸禮會信徒的節慶上，將 Munster 乳酪送到傑哈梅爾（Gérardmer），這裡至今仍為 Munster 的銷售中心。而在洛林區、阿爾薩斯的孚日高地（Vosges），Munster 則被更名為 Géromé，源自 Gérardmer 一字。

鑲著金環的培根雞蛋派與誘人的 Madeleine 蛋糕

　　洛林與阿爾薩斯兩區，好比雙胞胎，有著非常雷同的背景：同樣受到法、德兩種文明的洗禮，卻有完全迥異的命運。同樣的 Munster 乳酪，到了洛林變成 Géromé。但是，洛林人的天分卻別有發展，其中「培根雞蛋派」（Quiche Lorraine）及「瑪德蓮長圓形奶油小蛋糕」（Madeleine）更跨越了洛林邊界，受到全法國人的喜愛。現在，台北某些餐廳及糕餅店也提供這兩種洛林區美食。

　　培根雞蛋派其實是一種鹹的派，佐料除了固定的鮮奶油、雞蛋外，還可隨個人喜好做出各種餡料的變化，比如海鮮、鮭魚、茄子、雞肉、培根、番茄、香菇，甚至起司等。這道菜早在十六世紀就已存在，當時在南錫（Nancy）被稱作 Kiche，指將混合雞蛋汁、鮮奶油、少許鹽、胡椒與荳蔻粉的餡料倒入麵包皮內烤成的鹹派。今日，麵包皮已經被奶油和成的千層酥狀麵皮或一般奶油麵皮取代。

法國下午茶最受歡迎的甜點——Madeleine。

當我在巴黎過著留學生生活時，若是沒有時間做飯，就會連夜製作一大個約八人份的培根雞蛋派填肚子，既美味又營養滋補，而且內容可以隨意變化；如果沒時間吃飯，用保溫的鋁箔紙包起一塊帶在身上也非常方便。在巴黎的糕餅麵包店（Pâtisserie-Boulangerie），經常會有各種口味的雞蛋派陳列出售，成為「可麗餅」（Crêpe）之外法國另一個流行速食。

好的培根雞蛋派表面宛如一個鑲著金環的金黃太陽，浮動著金色及淺黃褐色的雲朵。

一般而言，培根雞蛋派都被當作前菜食用。另外還有一種變形的「圓餡餅」（Tourte），內餡偏向豬肉、牛肉、野禽類、魚、蔬菜或用水果乾做餡裡，再以一層麵皮包住。過去，法國人也叫這種圓餡餅「鄉村奶油圓麵包」（Pain rond beurré de la campagne）。這個土氣的名字加上不起眼的外表，使它儘管在一般民間很受歡迎，卻難登堂入室。一般布爾喬亞新貴家庭的餐桌上，寧願天天吃義大利麵條、「魚肉香菇餡酥餅」（Vol-au-vent），也絕對不允許出現培根雞蛋派。他們似乎忘記自己當初還在奮鬥時，曾經以圓餡餅做為款待客人的晚宴主角，如今這道菜卻被毫不留情地踢到桌子底下去了。歷經世代之後，圓餡餅總算扳回顏面，曾多年被《米其林》列為三顆星的巴黎著名餐廳Taillevent 中，就有一道名為「Tourte Parmeriennes」的圓餡餅。

如果你還有喝下午茶的習慣，就別忘記那誘人的瑪德蓮長圓形奶油小蛋糕。見過橢圓形木盒裝 Madeleine de Commercy 的人，大概都不會忘記它精緻可愛的包裝。這個鬆軟香甜的蛋糕，是由非常美麗動人且聰慧的女士瑪德蓮（Madeleine）所發明，並將之引進宮廷，獻給當時的國王史塔尼斯拉（Stanislas），以應付糕餅主廚在一次晚宴中突然離職的狀況。結果這場氣氛緊張的晚宴，在瑪德蓮女士的巧手下，轉變為甜蜜的餐會。國王為了感激她，特地將這個長圓形奶油小蛋糕取名為 Madeleine。至今人們品嚐它時，仍充滿了當時愉悅的氣氛。

Les Cuisines Régionaux
美食美酒的天堂——
勃根地（Bourgogne）

攝影 ©Mook 王瑤琴

　　若是你想在最短的時間內，嚐到最道地的法國鄉村美食、美酒，有一個地方絕對不能錯過——勃根地，這個被詩人喻為美食美酒天堂之地，也是當年我在法國做美食之旅的首站。

　　葡萄園幾乎構成了當地的唯一主要景觀。自北部的夏布利（Chablis）往

下延伸到第戎（Dijon），再從夜丘（Côtes de
Nuits）到朋丘（Côtes de Beaume），順著夏
隆丘（Côtes Chalonnaise）而下，到達南端的
馬孔（Môcon）與薄酒來區，形成葡萄園最精華
的地帶。幾個勃根地的著名莊園，大多在北岸，

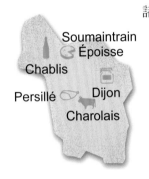

諸如 Puligny-Montrachet、Chassagne-Montrachet、聞名
的 Pommard、女性化的 Chambolle-Musigny、Vosne-
Romanée，以及深受國人喜愛的夏布利，都是世界知
名的葡萄酒釀造地。往南邊走，馬孔市西邊的 Pouilly-
Fuissé 產區，以夏多內白酒爲主；而以新鮮爲主要訴求的
薄酒來，每年十一月裝瓶後，都會舉行盛大的「薄酒來祭
典」，如果有機會經過此地，千萬不要忘了駐足觀賞法國
人的酒祭。

調味料的奇想

　　說到勃根地的傳統美食，不由得讓我想到貝列斯（Bresse）那些在戶外奔跑
的閹火雞群，肉質異常鮮美。全法最好的火雞，當然屬貝列斯一地，除了大自
然的培育外，在牠們最後三個星期的生命裡，還以約一．五公升的牛奶飼養。
被喻爲「料理界超現實主義廚師」的亞倫・巴薩德，即以「冷水燻雞」
（Poulet de Janzé au foin）聞名法國廚藝界。這道菜搭配勃根地的上等白酒，
如 Batard Montrachet、Puligny Les Perrières、Meursault 等都非常完美；如
果有新鮮的一九九六年 Château de Meursault，更是絕配！

　　此外，夏隆內（Charolais）的白色牛隻，因肉質鮮美，被視爲與利慕贊
（Limousine）並列全法國最好的牛肉；而第戎的芥末更是名滿天下。

　　第戎的芥末味道特殊，除了使用當地的白酒、酒醋、水、鹽爲原料外，還加
入由「黑芥」（Sénevé）顆粒磨成的粉末混合調製。法國人的奇思異想，發
揮在這小小的調味料上，種類繁多，高達千種以上，如加綠胡椒的搭配各色
肉類；加紅蔥頭的配烤肉最適宜；加綠檸檬調味的則與魚、蝦等海鮮類一起調

理。而無論哪一種加香料的芥末，都能增添菜肴美味。一句話可以道盡法國料理：「只需瞧瞧第戎的芥末，就大約瞧出端倪，為什麼在法國當廚師如此辛苦了。」

當地的「香料蜜糖麵包」（Pain d'épice）更是非常特別，顧名思義，這是以香料與歐石南、洋槐、薰衣草或迷迭香的蜂蜜，加肉桂條與丁子香（某些比較考究的店還加上橘子醬）和麵粉混合做成，微甜但不膩，一般當成餐後甜點或下午茶點心。

除了芥末，第戎還生產「黑茶梅子的濃厚甜酒」（Crème de Cassis de Dijon），這是一種介於黑茶梅子白蘭地和白酒之間的混合酒，通常混合比例為三分之一的黑茶梅子白蘭地與三分之二的勃根地白酒，也被稱作 Kir；而貝斯雷（Persillé）的火腿、名聞遐邇的起司 Époisse，也都是愛好法國鄉村美食

沉浸在紅葡萄酒中的「勃根地燉牛肉」。

與法國人個性相符的蝸牛，是法國老饕的最愛。

者不陌生的名字。但是，眞正將勃根地美食帶往世界舞台的，除了那些「美酒」群明星外，還有兩位不可忽略、後來居上的新星：「勃根地蝸牛」（Escargots de Bourgogne）及「勃根地燉牛肉」（Bœuf Bourguignon）。

蝸牛的傳奇

先從這隻慢吞吞的蝸牛談起。勃根地蝸牛又被稱作「葡萄園的蝸牛」，同為蝸牛家族的一員，但是勃根地蝸牛的身材似乎比一般蝸牛兄弟更結實，寄居的殼略呈黃褐色，並帶著褐色的條紋。據聞，這個在視覺上毫不起眼的小軟體動物，卻是第一個被人類拿來食用的動物。

在羅馬時代，甚至有專門的「食用蝸牛養殖場」，當時人們多半將去殼的蝸牛加酒與糠一起調理，當成開胃的餐前菜或者飯後小菜烹調；高盧人則把它當成點心來處理。到了中世紀時，蝸牛甚至取代牛肉，成為正餐。當時人們習慣將蝸牛加洋蔥油炸，或者以串烤、清水煮的方式烹調；而為了滿足大量食客的需要，廚師還必須派遣一些專業人士尋找蝸牛。

但是，到了十七世紀，吃蝸牛的風氣漸漸冷卻，直到三星級餐廳 Talleyrand 要求當時的法國首席廚界天才卡漢姆在款待俄國沙皇的晚宴上，以「蝸牛」為主角，特別創作一道別致的菜肴，這才又挽回蝸牛被美食界拋棄的命運。

勃根地蝸牛的傳奇乃是源自法國「七月王朝」（一八三〇～一八四八）時，幾位貝西（Bercy）的中間商到勃根地選購酒，回去以後，逢人便說他們在勃根地享用了一頓蝸牛美食大餐，引起其他人的強烈好奇心。結果，不久之後，一八三〇年的某一天，來往於奧克爾與巴黎的一輛驛車上裝滿了一籮筐一籮筐的蝸牛奔馳而去。不久，驛車被火車取代，然而小小的勃根地卻無法生產足夠數量的蝸牛來滿足食客的需要，只好一方面限制用量，一方面從中歐、土耳其或北非進口類似的品種，以魚目混珠。

　　眞正的勃根地蝸牛，祕密在簡單的烹調方式：僅以奶油、大蒜泥、香芹三種材料烤成，最多爲了減輕大蒜臭味，加入一些適量的紅蔥頭。位於巴黎麗畢度附近 Montrogeuil 街上的蝸牛專賣店——Escargot Montrogeuil 餐廳，菜單上的招牌菜即爲四種不同口味的蝸牛料理。

　　在餐廳裡，蝸牛料理通常連著殼，以盛蝸牛的特別鐵製凹型托盤盛著；剛出烤箱的鐵盤，如同我們的鐵板燒，還會發出吱吱的油爆聲。吃的時候，以類似女性夾睫毛的睫毛夾鉗住蝸牛殼，再以兩叉的小叉子挑出蝸肉食用。這熱熱的 Sauce 裹著肥碩的蝸牛肉，讓人一口接一口欲罷不能；但是，可要小心，別吃得太急，讓熱奶油燙傷了嘴！

令人醉死酒鄉的料理

　　到稍不錯的正式法式美食餐廳，我總有習慣先看看菜單上每一道菜的條列材料內容。通常頗具規模的餐館，若使用牛肉當材料，都不脫夏隆內的牛肉，它幾乎等同於 Best quality 的代名詞。

　　但是，至今仍能在美食經驗中令我回味再三的，卻不是夏隆內的牛肉，也不是貝列斯的閹火雞，而是類似中國「牛雜湯」的大堆頭材料熬出的美味肉鍋。

最受歡迎的水果蛋糕「蘋果奶油派」。

　　正宗的勃根地燉牛肉所用的是瘦肉裡塞肥豬肉的方式，將其浸於紅酒中多時，再加奶油與胡蘿蔔、肥豬肉丁、牛腳，以文火燉數小時。我曾經嘗試做過，別看這一道菜，成本雖不高，但是耗費時間、精力；最後的肉汁，味道非常濃郁，好似喝紅酒般，以麵包沾煮爛熟的肉

汁食用，在寒冷的冬天是很進補的一道菜。

勃根地人大概什麼都跟葡萄酒脫不了關係，連料理也不例外。除了「白葡萄酒燴肉」（Gibelotte）、勃根地燉牛肉外，另一道知名的「酒燜子雞」（Coq au vin）也是以酒當 Sauce 靈感。

至於尼非內（Nivernais）的「蘋果奶油派」（Flamusse），以蘋果做為餡裡，是勃根地一帶最受歡迎的水果蛋糕。

在勃根地沒有吃過 Époisse 起司的人，用手指頭大概都算得出來；但是，沒有嚐過 Soumaintrain 的，卻半個也沒有。原因是，愛酒成癖的勃根地居民，在每年的新酒試酒場合裡，每每以 Soumaintrain 起司加新鮮的鄉村麵包，搭配上好的紅酒享用。

春末至初秋時分，在市面上可買到所謂「Soumaintrain blanc」：未精製的初級品，味道不似 Époisse 般非常重且烈，而是近乎新鮮牛奶的滋味，我通常會帶著去野餐，法國的小孩子們也很愛吃。至於「精煉」（Raffiné）的 Soumaintrain 則充滿了直率、穿透性很強的味道，吃來滋味濃郁飽滿，配合 Nuits-Saint-George 或 Beaune 的酒最適合。

重達一公斤的「繩子麵包」（Cordon），是當地的代表，在麵包表面有一條以麵條編成的繩狀裝飾蕾絲。

總之，勃根地的料理是融合了酒與材料，再運用想像發明出的濃濃酒鄉風情的料理，幾乎沒有一道菜或調味料的 Sauce 中不會聞到一點酒味。不知李白若到了勃根地，是會選擇淹死在酒鄉，還是醉死在勃根地菜的酒香之下？

Les Cuisines Régionaux
母親的料理——
里昂（Lyon）

　　挑剔愛吃的法國人，曾自豪地說過：「唯有在里昂，我們才能享受到比家裡還好吃的法國菜。」

　　圍繞里昂一帶，有不少被《米其林》評選為兩顆星、三顆星的美食餐廳，如自一九六五年被《米其林》評定為三顆星後，一直維持到現在的餐廳「保

Beaujolais　Dombes
Mont-d'Or

羅‧包庫斯」（Paul Bocuse）；一九六八年得到三顆星的餐廳 Troisgros，其「蒜味乳鴿」、「松露燴時蔬」都是遵循傳統的老式菜，而其中最有名的「酸模鮭魚」（Escalope de saumon à l'oseille），直到現在都是該餐廳的招牌菜。Troisgros 最擅長魚類、海鮮等料理，經他們處理過的海鮮材料，被賦與一種奇特的華麗感，整個餐盤在視覺上給我宛如觀賞大海奇景般的奇妙動感。但是，真正使得里昂料理聞名天下的，還是道地的「里昂小酒吧」（Bistrot Lyonnais/Bouchon）。

融合感情與鄉愁的「母親料理」

在談里昂的小酒吧之前，不能不先提里昂的「美食小史」。早在西元前四十三年的高盧時代，建於富非耶（Fourvière）山丘上的陸克那城（Lugdunum），是當時最繁華的城市之一；那時陸克那城還被喻為「吃之城」，而這個別稱得來一點也不枉然。那段時期，里昂的地方特產諸如洋蔥、豬肉製品、蔬菜等，品質都居全高盧之冠；此外，里昂得天獨厚的地理環境，使它能得到來自夏隆內的牛肉、貝列斯的家禽和野禽，以及當伯（Dombes）的魚等。

這些材料都被大量地引進里昂，以滿足全法國最挑剔的食客與最富天分的廚師。文藝復興時期，文風諷刺的大作家方素華‧拉伯雷（François Rabelais, 一四九四～一五五三），曾以大篇幅的文字談及里昂一地堆積如山的食物與食客們狼吞虎嚥的盛況。

自十九世紀末開始，里昂的廚師有一個別稱——「母親」；他們的料理被全法國人稱為「母親的料理」，這個現象在世界料理史上可謂頭一遭。里昂的料理貴在「對傳統烹調精華的保存」，它「神祕」的特質及獨特的「感情價值」，使其好比母親為我們精心準備的家常可口小菜。

第一位被公開稱為「母親的料理」的廚師是方素華‧富久樂（Françoise Foujolle），當時人們稱呼她「Filloux 媽媽」。她所擅長的菜肴包括「乳白濃香松露湯」（Potage velouté aux truffes）、「螯蝦奶油焗白斑狗魚肉丸子」（Quenelles de brochet en gratin au beurre d'écrevisses）、「鵝肝醬淋

里昂 Bouchon 最受歡迎的「母親料理」──奶油白斑狗魚。

朝鮮薊」（Fonds d'artichaut au foie gras），以及最受當地布爾喬亞家庭歡迎的冬季菜「黑蘑菇嵌餡雞」（Poularde demi-deuil，俗稱「穿喪服的小母雞」）。

顧名思義，這隻穿著黑色喪服的新寡婦，其喪服材質是以名貴的松露薄片嵌鑲於母雞的皮與肉之間而成，再以清水煮熟，加蔬菜與粗鹽一起食用。當時傳聞，出門在外的遊子們吃過 Filloux 媽媽的菜後，都會不由自主地流下眼淚。

Filloux 媽媽於一九二五年去世，但是人們對她的思念卻與日俱增，引來不少嫉妒的競爭對手，諸如布利顧斯媽媽（Brigousse）、布蘭琪媽媽（Blanche）等等。

這個「媽媽」風潮在十九世紀中期達到頂點，並且持續至第二次世界大戰末期，當時里昂所有所謂「布爾喬亞的藍帶餐廳」都懸掛著她們的名字。最後一位里昂廚師媽媽麗阿（Léa），生於二十世紀初，直到一九八一年才結束她的職業生涯。

偵測里昂料理與感情的雷達

在里昂，無人不知 Bouchon，即小酒店之意。Bouchon 原本是小酒店前用來做招牌的麥桿，後來成為小酒吧的象徵，代替通用的 Bistrot 一字。

Bouchon 如同偵測里昂料理與感情的雷達。在這個不到十平方公尺的狹小空間裡，暈黃的燈光，玻璃窗上被食物熱氣模糊的白色字跡，寫著「今日菜單」；鏡子裡依稀可辨的侍者身影，或是左右手各捧著熱騰騰的里昂招牌菜「烤牛肝」（Foie de veau rôti），及非常有名的「麵包屑或乾酪絲焗通心麵」（Macaroni au gratin），或是捧著一壺薄酒來及盛著里昂 Bouchon 王牌菜「紅蔥頭乾乳酪」（Cervelle de canut）的大托盤，從容而優雅地穿梭在擁擠的餐桌與廚房之間；吧台後方送菜口牆壁的看板上，堆疊著一張張油膩膩的點菜單，廚師不慌不忙地處理一道道繁複的做菜程序；人與人之間被迫沒有身體距離，手肘的接觸，偶爾抬頭時，來自斜對桌客人的好奇眼神……任何人都可以插入鄰桌客人的談話，發表自己的意見，偶爾，連老闆娘都會軋上一角；伴隨著壺裝的薄酒來紅酒、豐盛的「里昂沙拉」（Salade Lyonnaise）與「里

昂香腸切盤」……輕易地，我就被吸入這個愉悅的情境，一頓飯吃完，好像回到家裡的感覺。小小的餐廳中，歡騰愉悅的喧嘩聲，清脆的酒杯碰撞聲，刀叉摩擦著餐盤，桌椅推拉碰撞的聲音，如同演奏著一場非常熱鬧的「食物嘉年華會」。想要一張真正傳達出里昂氣氛的風景明信片嗎？來「里昂小酒吧」尋找里昂人的靈魂吧！

不容錯過的豬仔三劍客

通常我會在上午點「快餐」（Casse-croûte），里昂為這段早餐時間取了個名字 Mâchon。在 Mâchon 的用餐時間裡，「豬仔」是桌上的主角。除了豬肉香腸食品中最受歡迎的「三劍客」：「玫瑰香腸」（Saucisse rosette）、Sabodet 及「里昂香腸」（Saucisson de Lyon），Andouille 小香腸、雞蛋炒牛肚及豬肘、豬耳朵、豬嘴巴，甚至豬腦、豬心，都在里昂人胃裡唱合唱曲；擔任伴奏的蔬菜就是長相不起眼的小扁豆、白菜豆或醋溜韭蔥。

在里昂，幾乎所有菜裡都會尋獲被喻為「里昂有柄平底鍋中的國王」的「洋蔥」的蹤影，如「奶油香芹炒紅醋洋蔥」；而著名的「洋蔥湯」到了巴黎變成「乾酪絲焗洋蔥湯」（Gratinée à l'oignon），或者當牛肝、豬肝的配菜都很不錯。

在里昂若沒有「豬肉香腸製品」，就如同在杜爾沒了「扁豆燒肉沙鍋」（Cassoulet），在阿爾薩斯少了「醃酸菜配土豆豬肉」（Choucroute）。自羅馬時代以來，里昂人就有一個特別的節日──「聖豬節」（Saint-Cochon）。每逢聖豬節時，各家豬肉製品小店的老闆都會在店內懸掛起各式各樣的香腸，並提著他們店裡的特製品，在市集向買主吹噓自己職業的神聖與產品的優良。

有幾種特別的香腸是我在里昂絕對不會錯過的。首先是「里昂香

里昂豬肉香腸三劍客之一的「玫瑰香腸」。

家喻戶曉的「乾酪絲焗洋蔥湯」。

腸」，以腿肉與肩絞肉混合小塊肥肉製成，現今只剩下約五、六家豬肉店還在製作這種香腸。另外則是玫瑰香腸，這是 Mâchon 的明星，通常與薄酒來搭配食用，此種香腸現在已經叫價到一公斤約台幣七百五十元，爲香腸中的貴族品牌。此外，肥胖如楊貴妃的 Jésus，是香腸美女群中身材最圓滾的，味道較玫瑰香腸乾。「豬肉凍」（Tête roulée）是豬頭肉加舌頭肉做成的肉凍，每個重達四十至一百二十五公斤。以松露與黃連木調味的 Cervelas，則是一種粗短的小香腸，爲罕見的精品。

著名酒區「薄酒來」

在里昂，有三個重要的酒區交集：隆河谷區（Le Rhône）、沙翁區（La Saône）及最著名的薄酒來區，這三區都生產小品的日常餐用酒。每年十一月的第三個星期四，是薄酒來新酒的發表會。這個幾乎完全（九九％）以加美品種釀造的紅酒，酒體非常清淡爽口，搭配里昂的香腸、肉凍、火腿等都很適合。薄酒來共分三種等級，最好的是「優等級」（Les Crus），最優秀的酒莊諸如 Moulin-à-Vent，其酒體非常飽滿強勁，但酒質卻很優雅，適飲期限約五到十年；Morgon 被喻爲最富單寧（Tanin）的酒，口感異常濃烈；Juliénas 與「聖愛」（Saint-Amour）的酒體結構不錯，顏色也很深。除了優等級外，薄酒來還有「薄酒來村莊級」（Beaujolais Villages）及最普遍的「一般薄酒來」（Beaujolais）兩種等級。

在乳酪的世界裡，「金山」（Mont-d'Or）絕對是響噹噹的名字。「金山」之名首度出現在文獻中大約是十八世紀，這個包裝精巧、表皮金黃色的牛乳酪呈現在路易十五的餐桌上時，曾使得路易十五一時之間被它的香味與色澤迷惑，竟然半晌說不出一句話來。這個名不見經傳的乳酪市井小民，頓時聲名大

噪，成爲每家每戶的常客。此外，它濃郁溫和的氣味也可做爲焗馬鈴薯
的材料使用。

　　「笛子麵包」（Flûte）爲當地最特殊的麵包，又稱「咖啡館麵包」，
形狀類似法國麵包，但是更細長。笛子麵包通常截斷成薄片，
或者對半切開，再烤成麵包乾，搭配湯或沙拉食用，這又
通稱爲「燉鍋麵包」。

Guignol 木偶的甜點派對

　　里昂人喜歡硬硬的食物，連甜點也不例外，「油
煎餅」（Bugne）就是最好的例子。不過在談這些特殊
的甜點之前，有一個特別的人物，在里昂可是家喻戶曉——木偶戲中的主角
Guignol 和他劇團的夥伴們。

　　Guignol 和他的夥伴總會伴隨著市集的特殊場合出現，吸引無數孩童圍
觀，現場還會有馬術表演、魔術特技與各式各樣的街頭演出；如今，這個與
里昂市民生活緊密結合的節日演出，卻只有在 La Croix-Rousse 的「栗子節」（Vogue aux Marrons）可以看到。通常首先出場的多半爲著名的油煎餅；其次爲 Matefaims，是一種厚厚的雞蛋餅；再來是 Radisses、長形的奶油圓麵包、洋槐花的油煎餅、南瓜派、里昂的杏仁蛋糕；最後根據傳統食譜做成的「麵包甜塔」（Tarte à la mie de

搭配沙拉或湯食用，通稱「燉鍋麵包」
的笛子麵包。

里昂人喜歡硬硬的食物，連甜點也不例外，「油煎餅」就是最好的例子。

pain），則是以餡餅皮裹麵包屑，再浸泡在牛奶中，加入杏仁切片、雞蛋與橘子香精製成。「節日餡餅」（Pâtés de vogue）是以梨子浸泡在燒酒與糖中熬煮多時而成的「燒酒李子」，以蛋黃著色，形狀宛如一頂紳士帽。

這些甜點結合了木偶們的演出，傳遞里昂人天真、愛好歡樂及美食的樂天個性，相信，你也一定不會錯失尋訪這個充滿歡樂的「吃之城」的機會！

Les Cuisines Régionaux
溫暖人心的陽光料理——
普羅旺斯（Provence）／阿爾卑斯山（Alpes）
／蔚藍海岸（Côte d'Azur）

圖片提供　富爾特數位影像股份有限公司

　　今日的普羅旺斯，經過彼德‧梅爾（Peter Mayle）活靈活現的描述，已經由鄉村小姑娘搖身一變，成為家喻戶曉的明星。當我第一次從巴黎來到普羅旺斯時，映入眼簾的盡是一片充滿了各種大自然顏色的田園景致，連帶地連陽光、空氣裡瀰漫的味道都不同。奇妙的是，在馬賽港（Marseille），所有房屋、船

隻、水手在光線的照射下，好似紙糊的，全都以大塊的平面構圖呈現，總會讓我想起高更或塞尚的畫，這些錯落的屋子、教堂、鐘塔，在間隔出來的每個獨立幾何空間中自給自足。普羅旺斯的料理即是這寧靜空間中的煙火，帶來了色彩、香味與創意。

展現歡樂與熱力的蒜泥蛋黃醬

早在法國大革命時代，普羅旺斯的料理即以「色彩豐富」聞名巴黎。十九世紀末，一位名叫哈布（Raboul）的廚師將當時所有的食譜鉅細靡遺地整理成冊，以《普羅旺斯料理》爲名出版，其中經常出現在普羅旺斯料理裡的常客有番茄、大蒜和橄欖油。地中海爲普羅旺斯帶來非常豐富的漁產和海鮮，通常以時鮮的蔬菜與水果、橄欖油、各式各樣的香菜及葡萄酒當調味佐料。此外，薰衣草香的蜂蜜（Miel de lavande）、特立卡斯丹（Tricastin）的松露、斯絲特隆（Sisteron）的羔羊肉、尼雍（Nyons）的橄欖油，都是僅存當地的特產。

其中，最特別的一種調味品——「蒜泥蛋黃醬」（Aïoli），在一八九一年時曾被著名的美食記者米斯特拉（Mistral）歌頌爲「將普羅旺斯陽光的歡樂氣氛、熱力與陽剛之力，集中展現的 Aïoli……」。這個著名的乳白色乳狀 Sauce，是以擣碎的大蒜頭加上蛋黃、橄欖油調成，常被用來佐伴我最愛喝的「地中海魚湯」（Bouillabaisse）。

不要小覷這看似平凡無奇的橘紅色魚湯，學問可大了！地中海魚湯往往以數種新鮮的魚肉打成，再隨個人喜好加入干邑、啤酒或龍蝦等海產混合成不同口味。通常，我會先將乳酪切條撒上一大湯匙於碗內，再將烤得乾脆的小法國麵包切片，一部用手掰成細丁撒在湯中，另外再保留幾塊，在麵包表面均勻地塗上厚厚一層蒜泥蛋黃醬，接著一口麵包、一口湯這麼吃喝起來。在巴黎的寒冬，有時連開暖氣的錢都沒有，熬上這麼一大鍋地中海魚湯喝起來，頃刻間，心中不禁充滿了普羅旺斯、蔚藍海岸的溫暖陽光，連陰暗的小閣樓也突然明亮起來……

蒜泥蛋黃醬也可以搭配「水煮蛋」或「冷牛肉切盤」，但最別致的搭配可能是 Grand aïoli。這是一道節日

Tricastin　Sisteron
Nyons
Châteauneuf-du-Pape　Apt
Aix　Nice
Marseille

菜，以清煮鱈魚、蝸牛、水煮蛋，以及我所有可以想像到的蔬菜，如胡蘿蔔、芹菜、四季豆、花椰菜、朝鮮薊等材料組成，可謂非常「蔬菜貴族」的一道料理。

拯救生命的「大蒜湯」。

拯救生命的大蒜湯

全世界可能都有德古拉（Dracula）伯爵出沒的蹤跡，除了普羅旺斯。因為，只有普羅旺斯人會無所不用其極地將一顆顆大蒜或掰皮後整顆丟下來醋醃，或分屍後剁碎加橄欖油拌沙拉，或乾脆丟到滾滾的熱湯裡，來個美人出浴，或壓擠出汁，再放在烤盤上，串起牛羊豬雞來烤B.B.Q.，甚至連油煎鍋裡，都會飄來陣陣讓吸血鬼聞風而逃的香氣——大蒜香。

普羅旺斯最特別的大蒜料理，莫過於 Aïgo Boulido。這道最古老的大蒜美食，實際上是滋味獨特的「大蒜湯」，當時在喝這道湯之前，甚至還得說這麼一段禱告文：「大蒜湯，拯救我們的生命。」這道湯到底有多神奇，竟然可以挽救法國人的性命？我在好奇心驅使下來到當地一家很平凡無奇的小店，卻發現簡單的菜單上，首先映入眼簾的「今日特餐」內容裡，赫然寫著以下幾個字：地區招牌湯——Aïgo Boulido。這道湯居然能打敗我最心儀、世界聞名的地中海魚湯，成為地區招牌湯？！光這一點就夠引起我的好奇了。

稍後，親切的老闆娘親自為我端來 Aïgo Boulido，並指著湯裡的內容，詳細為我說明：「這湯是我們祖先流傳下來最老的食譜之一，當年，除了貴族，沒有多少法國人有機會嚐到肉，連新鮮的麵包都沒有，只有隔夜的麵包可以吃，填不飽肚子的孩子，夜晚常會纏著母親要東西吃。當時有一位母親不忍心見到孩子捱餓，將家中僅存的大蒜粒壓碎倒入水中煮沸，再加上少許鼠尾草、月桂葉、百里香，然後將煮沸的湯汁淋在塗抹橄欖油的麵包上，成為一道類

馬賽水手的日常菜肴──地中海魚湯。

似『粥』的食物。孩子吃完後，非常滿足地去睡覺，不再煩吵。這位婦人將這個隨性發明的食譜傳給鄰居朋友，一傳十、十傳百，成了當時的『救命湯』。所以喝湯時，為了感激這位母親，我們會在喝湯前說：『大蒜湯，拯救我們的生命。』現在，我們偶爾會在湯裡加些番茄或打個蛋。」聽完她的解說，湯的熱氣好像帶我回到那個四壁蕭然的家庭，看見欣慰的母親及笑意盎然的孩子們。

馬賽的陽光金湯

馬賽，一個熱力四射的海港小鎮，一艘艘在豔陽下閃閃發光的船隻，體格魁梧瀟灑不羈的水手，赤裸著上身，忙著搬運一箱箱剛捕獲的魚蝦海鮮；不遠處，一家家海鮮餐館已經迫不及待地將一簍簍海鮮變成一盤盤海鮮佳肴，然而，卻沒有任何一道比得上讓全世界的人都會聞名前來一睹丰采的海鮮菜國寶級料理──「地中海魚湯」。

　　馬賽的地中海魚湯原是一道非常簡樸、供漁夫日常食用的菜，通常漁夫們在海灘上臨時搭起的住所裡，將一天漁獲中最不容易賣掉的魚類，如魴魚（Capone，在貨眞價實的海鮮湯裡，這是不可或缺的材料）、狗魚、海鱔、火魚、龍騰、海鰻等，加上蝦蛄、貽貝、小螃蟹，以少許橄欖油微煎過，再加入一點胡椒粉及著名的番紅花（Safran）增味與調色，最後加入一片乾橘皮增添香氣，即大功告成。這道被馬賽人喻爲「陽光金湯」的地中海魚湯，在馬賽通常與油菜湯（Navette à soupe）、烤過的麵包切片、紅棕色的辣味乳狀調味醬Rouille 或 Aïoli 一起搭配食用。另外一種白色的魚湯 Bourride，則是用 Aïoli 當材料煮成。

　　普羅旺斯當然不僅產魚湯，那五顏六色的蔬果、綠油油的橄欖樹，搭配了蔚藍海岸的陽光，給與熱情、愛好幻想的尼斯人最好的創作靈感，如著名的「尼斯燜菜」（Ratatouille）是以橄欖油燒筍瓜、番茄、茄子、朝鮮薊和洋蔥等蔬菜做成「蔬菜百匯」，即爲結合三者的完美創作。

結合自然恩賜的烹飪創意

　　維繫尼斯料理聲名不墜的主因，得力於尼斯料理擅用各種大自然賜與的香料及辛香蔬菜。第一次在尼斯的傳統市場間逛時，我的目光立刻停留在一排排整整齊齊堆疊的辛香蔬菜上。在尼斯的料理中，所有香料都各司其職，巧妙地點出每道菜的獨特性，又不失原味；此外，還有三個最主要的保鑣：橄欖油、大蒜、甜菜（Bette，一種深紫色的球狀蔬菜），捍衛著蔚藍海岸的料理至今。

　　尼斯料理中最遠近馳名的代表菜「尼斯沙拉」（Salade Niçoise），光鮮豔亮麗的外表就讓你忍不住回頭駐足再三了。尼斯沙拉的材料包括番茄、黃瓜、新鮮蠶豆、小朝鮮薊、新鮮洋蔥、水煮蛋、去骨鳳尾魚肉或鮪魚肉，再點綴一些黑橄欖粒，搭配純橄欖油、大蒜與羅勒（Basilic）；偶爾，也會加些雞蛋或青椒來點綴，這就是可口的尼斯生菜沙拉了！在尼斯，這道菜通常被當成主菜前的開胃菜或冷盤食用。

　　普羅旺斯的美食還不僅於此，上帝建造世界時，大概對普羅旺斯的子民特別偏愛，不但給與他們最好的材料，還賦與其無上的烹飪創意。普羅旺斯各地都

有具當地風格的糖果或蛋糕，種類之多，簡直讓我眼花撩亂；其中最負盛名、也最具特色的，當屬自十七世紀以來，即被愛吃甜食的名女人瑪麗·麥迪奇（Marie de Médicis, 一五七三～一六四二）視爲宴會上必備甜點的阿普（Apt）的「糖醃水果」（Fruits confits）。在當時，保存食品的條件並不好，只好將食物「醃」起來，以防冬季時沒有水果食用。另外，蒙特利馬爾（Montélimar）的「黑白蜂蜜杏仁牛軋糖」（Nougats noirs & nougats blancs），以及亞克斯（Aix）以研碎杏仁粉及糖煮哈密瓜蜜餞爲餡，加上無酵麵餅皮及冰糖做成非常美味可口的「杏仁甜糕」（Calissons），也是聞名世界的名產。這三位甜點皇后，在普羅旺斯的聖誕節中，往往占有十三大金釵的首席寶座。

（上）充滿大海與田園風情的「尼斯沙拉」。
（中）打遍天下的黑白無敵雙星──黑白蜂蜜杏仁牛軋糖。
（下）喜歡吃甜食的瑪麗·麥迪奇，她的最愛──糖醃水果。

橫跨鹹甜兩界的
「橄欖麵包」。

讓教皇失去心性的魔鬼佳釀

　　在乳酪世界的眾位美女中，唯一需要寬衣解帶才
能瞧出真本事的，大概只有普羅旺斯的 Banon 了！
傳說，羅馬皇帝安東尼・皮歐（Antonin le Pieux）
因吃這位 Banon 美女時太心急，不慎噎死了！信不信
由你。不過，這個讓羅馬皇帝噎死的乳酪美人，來頭可不小，在亮相前，先經
過葡萄渣的燒酒浸泡數日，再以四到五層的栗子葉或葡萄葉包裹後，以酒椰葉
纖維紮起，然後放上十五至二十一天才拆封。它的香味，不知可否比擬我們的

裹小腳布？

在著名法國導演兼作家馬塞‧班紐兒（Marcel Pagnol）的電影《麵包店的女人》（La Femme du Boulanger）中，那個最出色的麵包明星──「甜橄欖麵包」（Fougasse sucré），即來自普羅旺斯。一般而言，橄欖麵包形狀扁平，中心處鏤空，似一朵雪花或棕櫚葉造型。橄欖麵包有甜有鹹，變化多端，鹹的橄欖麵包多半加橄欖油、八角茴香、迷迭香等增加香氣，餡則以番茄、洋蔥、肥豬肉丁、起司、熟肉醬或鳳尾魚等當佐料，有點類似義大利的 Pizza；甜的則呈橄欖狀，中間放水果乾。

最後，不能不提一提普羅旺斯最著名的葡萄酒「新教皇堡」（Châteauneuf-du-Pape）。這瓶讓教皇都失去心性的魔鬼佳釀，也讓彼德‧梅爾這名倫敦紳士歡樂地在酒窖中打滾，忘記自己身在何方，相較於波爾多酒的昂貴而言，是如今唯一物超所值的好酒。

普羅旺斯有一種非常神奇的「普羅旺斯四指麵包」（Main Provençiale），狀似恐龍的腳趾，又似鴨蹼。傳說，古早以前發明這個麵包的師傅是普羅旺斯一位生來即僅四個指頭的侏儒，他以自己手的形狀為模型，發明了這種麵包，後人稱其為「普羅旺斯四指麵包」，通常用來搭配尼斯沙拉與白斑狗魚肉丸子。

說不下去了，再說，我都快流口水了。請諸位別再猶豫不決，拋下一切，走訪一趟普羅旺斯吧！不過，別忘記幫我要彼德‧梅爾的簽名！

普羅旺斯聖誕節的甜點皇后──杏仁甜糕。

Les Cuisines Régionaux
栗子羊奶湯裡的風景——
科西嘉（Corse）

　　在地中海所有的小島中，唯一被喻為「大海之山」的小島科西嘉，風景之
美，傳說連海上妖女的蠱惑歌聲都不及。一片白堊山的景致中，住在一個個石
窟房子裡的科西嘉人，乍看之下，略似中國居住於山洞的陝北民族。

　　常被指稱與義大利西西里島的黑手黨精神很類似的科西嘉人，非常重視家庭

香腸界中的勞萊——Figatelli。

傳統，而科西嘉的料理也與其「家庭料理」緊密連結，帶著濃厚的科西嘉地方色彩。在這塊狹長的土地上，高山遍布；沿著海岸，放眼之處，都是龍舌蘭與野生的無花果樹；島上較高的地方則滿布栗樹、松樹與桉樹。葡萄園、橄欖樹、桔子樹與杏仁樹、無花果樹比鄰而居，但是，卻沒有任何徵兆顯現科西嘉島的景致與同處地中海的義大利或沿海的普羅旺斯相同，連料理的發展路線也大異其趣。

科西嘉人的麵包——栗子

栗子樹如同科西嘉的麵包樹，科西嘉人的傳統食譜裡，共有二十八道菜是以栗子做主要的材料。在傳統的習慣裡，科西嘉人把栗子粉拿來做麵包，但是今天這種栗子粉做的麵包已經不存在了，倒是最家常的 Polenta（類似中國人的「米糕」，為一種熟食栗子粉，將麵粉加水持續拌勻攪動成黏稠狀，再做成圓球形蒸煮熟）取代了麵包。科西嘉人將 Polenta 切成類似土司的厚片後，搭配 Brocciu 羊乳酪、雞蛋、烤小山羊肉或烤香腸一起食用。有些人還以栗子粉做成油炸麵包 Fritelle，或薄薄的脆餅如 Nicci。

栗子不但可以做科西嘉人的日常麵包，也是豬仔們的最佳糧食來源。通常科西嘉人秋天殺豬，再用鹽醃一個冬季做成煙燻火腿。除了美味的火腿，另一個滋味獨特、瘦長形的半濕煙燻香腸 Figatelli，香味很濃烈，以肝、肥肉、瘦肉加大蒜、月桂葉及白酒製成，偶爾會加上少許豬心、豬腰子，通常生食或烤食。

濱海的科西嘉是魚、蟹、蝦與烏賊的故鄉。第一次到盧森堡公園附近一家頗負盛名的科西嘉海鮮餐廳挖寶時，看到菜單上竟然

Cap Corse

Aléria

列著「科西嘉地中海魚湯」這道普羅旺斯名菜，心中很是狐疑，在好奇心的驅使下便點來試試，結果，足足讓我飢腸轆轆地等候了一個多鐘頭才姍姍到來。我切下一大塊厚麵包片，放在面前粗糙的紅陶土盤內，圍著那一大鍋冒著熱氣的地中海魚湯，抓著餐盤的手突然繃緊，鼻孔好像也跟著舒張……映在鍋中的……是風景？是陽光？還是一望無際的海平線？我從來沒有吃過比這個更好喝的紅龍蝦熬成的海鮮湯。科西嘉，一個絕對值得我做美食之旅的地方。

　　經過兼任廚師的老闆殷勤解說，我才知道，科西嘉還盛產鮋魚，以及海鱔、鳳尾魚、沙丁魚、螃蟹、火魚、鰻魚等。在畢古葛里阿（Biguglia）的池塘裡，還可以釣到鱒魚或鰻魚。一般說來，科西嘉人喜歡以炒或烤的方式調理魚類，再加上少許檸檬調味汁食用。

最具特色的科西嘉八寶飯——鮮濃番茄洋蔥燉肉。

（左）科西嘉的月亮——Brilloli，栗子羊奶湯。

共享家庭溫馨的湯

在科西嘉，晚餐的主角是「湯」。在大廳中央挖出一個凹洞，再於凹洞上方的天花板垂吊一個鐵鍋，傍晚時分，全家人圍坐在火爐旁一起喝熱湯，成為一種生活與家庭的象徵。科西嘉的湯隨四季有各式各樣的變化，如冬季喝栗子加肥肉丁，再加入牛奶慢慢熬煮，最後加上些許茴香增添香味的湯；或是「四季豆」（Fagioli）再加入豬皮、Figatelli 與香菜，放在有柄陶土沙鍋中慢慢煮成的湯。在春季，則喝 Campile——以新鮮洋蔥、甜菜或野薄荷調味，再加上一些弄碎的 Brocciu 乳酪煮成的白湯；或新鮮蠶豆、青豌豆及 Panzetta 的醃肉及紫蘇煮成的綠湯。但是，最特別的兩道湯，莫過於「香菜湯」（Erbiglie）與 Brilloli。

「香菜湯」運用僅存當地的香料，如乳香黃連木、琉璃苣、野茴香、羅勒、香桃木、薄荷與當歸等，加入馬鈴薯番茄湯或馬鈴薯洋蔥湯裡調味，起鍋前再放入一把米，類似日本的「茶飯湯」。Brilloli 則是牧羊人發明的「栗子羊奶湯」，是羊奶加上栗子粉熬煮而成，表面會形成閃閃發亮的白光，所以在科西嘉以 Brillare（閃亮）一字來稱呼。

除了栗子羊奶湯，另一道非常受科西嘉人歡迎的「鮮濃番茄洋蔥燉肉」（Stufatu），是在牛肉、豬肉、羊肉等肉類，或是兔肉、小山鶉、小鷓鴣等，加上番茄、洋蔥、火腿、Brocciu 乳酪及白酒混合的調味汁燉成的鮮濃

肉鍋中，加上奶油麵條，以我們八寶飯豆沙與糯米交層疊放的方式，一層燉肉，一層麵條，重複三層放入大陶土碗內，再澆上 Sauce，是一道非常家庭式的料理。

科西嘉的料理女皇——Brocciu 乳酪

滿山的果樹給科西嘉島民無限的甜點創作泉源。尤其是細皮的無子紅皮小柑桔，味道非常香，每年只有十一月至一月才能在市面上買到。科西嘉人用它來做成果醬或糖醃蜜柑桔。東部沿海一帶的阿雷利阿（Aléria）平原上，常有一整片紅柑桔林，十一月結果時分，形成如火海般的壯盛景觀。

讓人想起地中海小島上白色石屋與庭園裡檸檬、柑桔樹的「檸檬奶油蛋糕」。

　　另一道非常、非常可口的「檸檬奶油蛋糕」（Fiadone），是將打鬆的蛋白加入蛋黃，再和入新鮮的 Brocciu 乳酪及一片檸檬皮切片。我很愛吃這種聞起來帶檸檬清香，吃起來口感又綿綿細細的甜食，總讓我不由自主想到地中海小島上的白色石屋與庭院裡的檸檬、柑桔樹……

　　說到這裡，好像科西嘉的料理中，沒有任何一道與「Brocciu 乳酪」脫得了關係。Brocciu 的原意為「抖動」、「拍打」。這個不安於室的乳酪，最後的流浪終點竟然是它的故鄉──科西嘉。Brocciu 分為三種：「新鮮的」（Frais）、「乾的」（Sec）及「精製品」（Affiné），可以當點心或正菜的材料使用。最好的 Brocciu 乳酪來自科西嘉的高山，口感綿密而濃郁，搭配科西嘉的紅酒與栗子粉做的「雙球麵包」（Coupiette）相當理想。

　　在六○年代，科西嘉曾經一度大量生產酒，使得品質降低，直到最近才漸漸回復水準，其中以 Nielluccio 紅酒與 Vermentino 白酒最著名。科西嘉北部的「科西嘉海角」（Cap Corse）是當地最好的酒區，盛產如 Calvi、Sartène 等酒質細緻的精品。

　　基本上，科西嘉人的個性宛如當地的景致，濃烈而剛強。我在巴黎最後兩年所租的房子就是科西嘉人的。

　　那位女房東人很爽直，個性很強，往往一言不合就足以激發她發表一篇長長的高論，從政府、社會談到家庭，大約一個小時就這麼過去了，而且是我打的長途電話……最後才很堅決地告訴我，地板上的凹洞，我得自己想辦法補。不過，她總會在一個月後悄悄地派工人來改善……我很懷念那個小氣而能言善道的女房東，當時，我找遍了巴黎的徵租廣告，只有她肯把房子租給我這個老外。希望，有那麼一天能在科西嘉見到她……

永不分離的孿生兄弟──雙球麵包。

Les Cuisines Régionaux
黑鑽與白珍珠──
佩里戈爾（Périgord）

　　一九九七年五月，我走訪佩里戈爾最美麗的古城「莎哈拉」（Sarlat），很為當地的風光著迷。

　　古城內有尖尖的高塔、蜿蜒的羊腸小徑、充滿中世紀風味的石頭房舍、古色古香的木樑搭建的陽台和中庭螺旋狀扶搖直上的樓梯；城外，美麗的湖水映著

城堡的倒影，一片湖光山色構成一幅絕美的大自然美景。
在這樣美輪美奐的景致裡，佩里戈爾的料理同樣令我
心動。

「最好吃的食物來自大自然。」在佩里戈爾，這是活生
生的證明。每個農莊都擁有獨特的自製火腿，新鮮肥鵝肝
（Foie gras）、松露就在自家的後院，老媽媽們以祖先留下來的偏方，製成
一罐罐燜肉凍（Confit）或肉片捲（Ballottine）。在這兒，農家的家常菜就是
最美味的佳肴。

在這片充滿鈣質的土壤上，種滿了栗子樹、胡桃木與橡木，各種香菇遍
布，諸如有「料理黑鑽石」之稱的松露、略帶桃子味道的雞球菌和蘑菇；對野
禽類而言，這裡也是非常好的藏身之所。然而，真正享有盛名的，卻是家禽
——鵝，和緊追在後的鴨子及雞群。在提菲耶（Thiviers）這個最著名的肥鵝肝
城，每年有三度盛大的鵝肝市集：聖誕節、三王朝聖的主顯節以及二月二日的
聖母淨洗節。

兩王一后——肥鵝肝、松露與燜肉凍

佩里戈爾的料理有「兩王一后」之說。「兩王」的「肥鵝肝」與「松露」，
無人不知、無人不曉，其材料本身的珍貴性與獨特性，使得法國頂尖的廚師們
即使打破了頭，也要在鵝肝、松露生產的季節裡，無所不用其極地，只為求得
這麼一簍松露或幾個上好的新鮮肥鵝肝。

法國料理界有所謂「佩里戈爾式美食調理」一說：即以「白珍珠」肥鵝肝
與「黑鑽」松露調製的料理。如 Périgueux
sauce 即混合兩者，以馬德拉葡萄酒的 Sauce
加上剁碎的松露；Périgourdine sauce 同樣使
用馬德拉葡萄酒 Sauce，然後再加上切片的松
露與鵝肝醬泥調製。通常我很喜歡將兩種調
味汁搭配小巧可愛的豬肉、雞肉類一口酥點
心，口感的呈現非常完美，這樣的組合在佩

法國料理界中的黑鑽——松露。

里戈爾是非常流行的。

　　以肥鵝肝或鴨肝為材料製成遠近馳名的美食很多，諸如鵝肝凍（Terrine de foie gras d'oie）、鴨肝凍（Terrine de foie gras de canard）、鵝肝餡餅（Tourtière）、鵝肝配小塊油煎麵包、香煎鵝肝等。無論是鴨肝的濃郁強烈或鵝肝的細膩優雅，都是上乘節慶盛宴的主角。

　　至於那珍貴如黑鑽的松露，任何平凡無奇的材料，如馬鈴薯、煎蛋，只要加上一丁點松露，整盤菜就如同夜空中的星星閃閃發光起來。在法國的文學作品或美食評論中，不乏形容這個璀璨無比的料理界香菇的溢美之辭，如「黑珍珠」、「黑皇后」、「神奇的蘋果」、「料理黑鑽」等。松露之所以受到喜愛，卻如我們的臭豆腐般，帶著一股非常、非常類似狐騷的味道，而且香味本身好像會發出熱力。今日一公斤叫價到一萬元台幣的松露，在中世紀，人們卻將它當成「魔鬼的象徵」，避之惟恐不及。

　　松露的類似品種高達三十種以上，但是真正達到松露級標準的，卻只有 Tuber melanosporum 及 Tuber brumale 兩種，而最上級的則是前者，即法國

法國料理中的白珍珠──鵝肝醬。

人通稱的「佩里戈爾松露」。因爲產量稀少，所以松露價格極高，儘管法國政府農業部投入許多人力、物力與財力，希望研發出人工栽培的松露，但是對著這隻不會下蛋的松露母雞，也是莫可奈何！近來，很多魚目混珠的情況，來自普羅旺斯或西班牙、義大利的松露多不勝數，且眞假難辨，甚至裡頭混污泥增重的也有。如果於十一月至三月初間來到佩里戈爾，正值松露採收期，便會發現一群群訓練有素的狗代替了難纏的豬，成爲松露的終結者。

　　至於最受市井小民愛戴的「一后」──「燜肉凍」，是十八世紀時農民用來保存肉類的方法。「莎哈拉式燜鴨肉凍」（Confit de canard à la

佩里戈爾最美麗的古城莎哈拉的古典料理「松露燜鴨肉凍」。

Sarladaise）、「鵝肉凍」是莎哈拉的古典料理。莎哈拉式燜鴨肉凍是將鴨肉凍炒至酥脆，搭配以鵝油脂炒成金黃色的馬鈴薯切片，在起鍋前撒少許香芹、百里香、大蒜泥，加蓋燜煮片刻，再加紅酸模（Oseille）醬泥豐富口味，是最具特色的地方料理。

美味的寶藏──「美食城」科爾西

如同普羅旺斯只使用橄欖油烹飪，在佩里戈爾的傳統烹調方式裡，幾乎從未用到奶油，而是以豬油或鵝油、鴨油取代。

義大利的布龍尼（Boulogne）以一道「布龍尼義大利麵」（Spaghetti Boulogne）風靡世界，但你是否知道，布龍尼也是道道地地的「美食城」。整個城的居民們，整天腦子裡懸著的、嘴上談的，不是今天股市又上漲多少、又跌多少，或黛安娜王妃死前是否有孕等軼聞瑣事，而是「你昨晚吃什麼？」、「今天的酒菜搭配如何？」、「我覺得那家餐廳的『松露小鵪鶉』不賴！你覺得呢？」。而緊臨義大利的法國，也有一座美食城「科爾西」（Quercy）。

一九三一年，美食旅遊家皮耶・貝伍（Pierre Benoît）甚至讚譽科爾西為唯一可享受到純粹法式傳統美食的城市。他在同年出版的《蘇賽哈克的午餐》（Déjeuner de Sousceyrac）裡這麼寫道：「我無意間闖進這奇妙的栗園，卻完全無迷路的懊悔，反而充滿無上溫柔的喜悅，因為我發現了這個美味的寶藏。當地居民以無限的慷慨與熱情接待我，讓我流連忘返。對我這麼愛好美食的人而言，當地的午餐足夠在我的『美食年鑑』裡，寫下重要的一頁。」到底貝伍形容的如此神奇的一餐為何呢？愛吃的我，當然不會錯過這個傳奇的「美食饗宴」……

我還記得吃完那一餐後，走路都會左搖右晃的情形：先是冷盤的「肥鵝肝」，接著是華麗的、以月桂葉、百里香、紅蔥頭加味的「葡萄酒奶油湯汁燴螯蝦」（Écrevisse au court-bouillon），再來是夜晚剛釣起的鱒魚，伴著少許塞碎肉的牛肝菌（Cèpes），到這裡我已經不行了，不過漫長的法式午餐還沒有結束，再一道顏色黑黑濃濃、豐盛而奇妙的「紅酒洋蔥燒野兔」（Civet de lièvre），緊跟著「法式烤雞」（Poulet rôti）與「藍姆酒煎蛋捲」（Omelette au rhum）……你覺得如何？我已經撐得說不出話來了……

科爾西也是松露的王國。每年十一月至三月,在拉貝克(Lalbenque)的地方市集,還保留著古老的傳統賣法,將松露以薄薄的肥肉包裹之後,再用千層酥麵糰或沙拉包起,配馬鈴薯一起吃。

做個歡樂美食夢

說到甜點,最讓我眉飛色舞了!喜歡吃油炸甜甜圈的我,對小時候唯一的記憶是母親做的甜甜圈餅,不過不知怎麼地,她的圈圈餅總是兩個半圓,合不起來。佩里戈爾也有一種類似油炸糖糕的 Merveille。在普羅旺斯,人們以橄欖油炸,但是在藍德(Landes)卻以鵝油混麵粉,做成類似油酥餅乾的甜點。傳統上在法國中部,人們會在嘉年華會時製作這種略帶燒酒味的油炸糖糕,通常做成三角或圓形,灑上糖粉後食用。

光滑如月光、形狀如月亮、薄如餐盤的「Rocamadour 羊乳酪」,入眼所及就是一種視覺上的享受。自一四五一年開始即聞名世界的 Rocamadour 羊乳酪,產自位於高山上的小城 Rocamadour。當時,所有信徒辛苦地攀爬到山頂的教堂後,總會習慣性地嚐一塊「科爾西的 Rocamadour 羊乳酪塔」,或將 Rocamadour 羊乳酪浸在當地盛產的李子利口酒或橄欖油內食用。不過,我最喜歡的卻是搭配濃烈的黑葡萄酒 Cahors 與玉米粉製的 Méture 麵包。Cahors 需要三至十年的等待時間,但是近來我卻發現也有一些年輕新鮮

的 Cahors，甚至需要冰過處理。

　　想親睹鵝肝的製作過程嗎？或是感覺一下豬仔尋找松露的樂趣？再享受一下太陽王般的盛宴如何？趕緊乘最快的飛機來這兒一遊吧！或……做一個充滿鵝媽媽、鴨爸爸與滿地松露的美夢……

如佩里戈爾星空般閃亮的「油炸糖糕」。

Les Cuisines Régionaux
讓酒神耽溺的酒鄉──
波爾多（Bordeaux）

　　被《紅與黑》（*Le Rouge et le Noir*）的作者斯湯達爾（Stendhal，一七八三～一八四二）喻為「全法國最美麗城市」的波爾多，境內城堡遍布，不過這些城堡並非用來當成自家住宅，而是酒香四溢的「酒堡」。它們或整修為釀酒中心，或被當成新婚夫婦蜜月旅行時的特別旅館、結婚慶典場地、畫廊，甚至舞

廳等多用途使用，以便應付龐大的城堡維護費用。

　　在法國大革命之前，波爾多是王公貴族集聚之地。像
這般有氣派、有來頭的城市，無疑地成為想拍法國歷
史片的電影導演們的最愛；然而，在這個最美的城市裡，還生產
令全世界都為之瘋狂的波爾多葡萄酒。

Pauillac

Echourgnac

Arcachon

Bazas

得天獨厚的美食美酒產地

　　法國幾乎四分之一以上的上等葡萄酒出自波爾多產區，包括國人熟悉的「五
大酒莊」：波依拉克區（Pauillac）的 Lafite-Rothschild、Latour、Mouton-
Rothschild；瑪歌區（Margaux）的 Margaux；稍遠處葛拉芙區（Grave）的
Haut-Brion；知名的聖美濃區（St-Emilion）的第一名堡「白馬堡」（Cheval
Blanc）及 Ch. Ausone；波梅洛區（Pomerol）的「酒王」（Pétrus）及索甸
（Sauternes）葡萄園的第一超名堡（Premier Cru Supérieur）Ch. d'Yquem。

　　在這個著名的產酒區內，共有六種葡萄是主要的釀酒原料。就紅酒而言，
大致可區分為下列品種：梅鐸區（Médoc）的卡伯內‧蘇維翁（Cabernet
Sauvignon）、里布內區（Libournais）的卡伯內‧佛朗（Cabernet
Franc），以及再往下逐漸受全世界歡迎的梅洛（Merlot）品種，通常與前兩
者混合。白酒方面，塞美濃（Sémillon）品種為最適合搭配甜點的 Sauternes
酒的主要品種，占了幾乎一半以上的收成，其次為蘇維翁（Sauvignon）及慕
斯卡德爾（Muscadelle）。

　　除了讓酒神巴庫斯（Bacchus）樂不思蜀的大小酒鄉外，波爾多還擁
有得天獨厚的美食原料。阿卡雄（Arcachon）的生蠔、巴薩（Bazas）
的牛肉、波依拉克的羊肉都列名波爾多的美食英雄榜，但是高居冠
軍的卻是一點兒也不起眼的紅蔥頭。除此之外，還有來自鄰近區域
如佩里戈爾的松露、卡斯康（Gascogne）的燜鵝肝醬，以及鮮美多
汁的斑尾林鴿（以燒烤的方式處理）；至於那最受稱頌的「雪鵐」
（Ortolan），烹調時保留頭部，食用前先放置在一個很大的餐巾
內，以便保留牠獨有的細膩香味及方便把臉埋在餐巾裡偷偷地獨自
享用。

　　雖然波爾多擁有法國爲數最多的城堡及最多法國大革命後遺留下來的貴族後裔，但眞正的精緻料理卻不是波爾多料理僅有的特色，其他值得一提的還有極盡簡單的「田園料理」。

　　這些習慣大吃大喝的貴族，法國大革命後四處流浪，只能享受田園生鮮蔬果材料做成的簡便「田園快餐」，也因此誕生了一道道美食。比如最普及的波爾多「洋蔥湯」（Soupe à l'oignon），簡單到僅僅用洋蔥、一瓣大蒜，加上蛋黃及少量的醋調味，再丟幾片麵包入湯碗即成。

　　談到「牛肉蔬菜湯」（Pot-au-feu）這道非常家庭化的蔬菜肉湯料理，在法國亦家喻戶曉。法國幾乎每個區域都有帶著特殊地方風味的肉湯，波爾多也不例外。以豬腳爲材料，加上白菜及油菜熬煮出來的肉湯味道非常清淡，一點兒也不油膩，是非常受歡迎的家常料理。

可愛的鹹果子——生蠔

讓患了「不孕症」的法國唐璜喜獲麟兒的生蠔宴。

　　在小說《好朋友》中被莫泊桑描述成「可愛而油膩的，如同被貝殼關起來的雙耳；嚼來在味蕾與舌頭間的感覺，如同一顆鹹糖果般」的生蠔，早在中世紀時，已被明確地分成兩類：一類是帶著殼的；另一類是爲了因應當時交通上的不便，事先去殼取出蛤肉的生蠔。路易十四時，法國人吃生蠔的習慣大致有三種：生食、帶殼烘烤或油炸。素以大沙文主義聞名的法國男士在尋歡作樂之前，通常會猛啖上一打生蠔，而且大多是關起門，幾個大男人一起吃；據說，很多患了「不孕症」的法國唐璜，都是拜生

Marenne 漁港一隅堆疊的捕生蠔器具。

蠔之賜，才能喜獲麟兒。

生蠔的種類有二，其中「肉呈扁平而殼形圓」的生蠔是道地的法國產品。如法國最著名的生蠔產地貝隆（Belon），位於布列塔尼島西南岸一個封閉的海灣內，當地的海水極冷，非常適宜蘊育生蠔。這裡的生蠔肉質鮮美、脆而爽口，肉色略呈灰白，食用時很有「大海」的感覺，生蠔汁本身還帶有野性的海鹽味。但是這種品質極優的生蠔產量非常有限，約占法國生蠔產量的一○％。

另外一種生蠔則為「肉凹陷，殼呈長方形」，自一九七○年由日本（原產地

來自大海的鹹果子——生蠔。

波爾多獨一無二的「韭蔥七鰓鰻」。

加拿大）引進後，在法國成功地生存下來。這種生蠔大致分布於吉隆河
（Gironde）小港灣到馬崙（Marennes）一帶的沼澤地帶。這一帶的生蠔大多
經過「洗白」的精煉處理。因為此類生蠔生長的環境為產鹽的老沼澤，必須不
斷地清洗處理，再加上受當地海藻繁茂的影響，使此類生蠔的肉呈藍綠色，肉
質也較貝隆的生蠔飽滿，如 Marenne d'Oléron 和 Fine de Claire。牠們「清澈
精緻」的聲名通常是用清澈的水過分人工清洗照顧的結果，往往會導致口感上
的單薄；尤其 Fine de Claire 更是如此。雖然外形上兩者相差無幾，但是後者
的蛤肉為淡淡的藍綠色。

此外，非常美味的阿卡雄生蠔，在法國也是名聞遐邇。當地的吃法通常是搭配烘烤的扁平小灌腸，加上黑麥麵包（Pain de seigle）及奶油，生蠔上可以擠一些檸檬汁或淋上紅蔥頭加紅酒醋所調製的調味汁，再搭配一瓶「兩海之間」（Entre-deux-mers）的白酒就完美無缺了。

獨特的七鰓鰻

波爾多除了生蠔料理之外，還有一種特別的魚類「七鰓鰻」（Lamproie）是當地的特產。第一次聽到這個特殊的地方料理「韭蔥七鰓鰻」（Lamproie aux poireaux），是在訪問白馬堡總監皮耶・路登（Pierre Lurton）的時候。他對我重複了無數次他多愛吃這道菜，並且推薦位於有名的尚─喬爾（Jean-Jaures）廣場、正對波爾多港口的餐廳「Jean Ramet」；這是他最愛的餐廳之一，主廚尚・哈梅（Jean Ramet）對海鮮料理尤其拿手。

七鰓鰻是沒有鰭及鱗的特殊魚種，長得很像牠的亞洲兄弟「鰻魚」，自羅馬時代以來，即被當作唯有貴族才能享用的珍貴菜肴。法王路易九世時，為了吃到七鰓鰻，甚至派人到南特（Nantes），以大型水桶裝著魚運來皇宮烹煮，牠的名貴鮮美可見一斑！

另一道由卡漢姆發明的名菜「卡德倫蝸牛」（Escargot Caudéran），是以白酒加乾火腿絞肉及紅蔥頭、大蒜調製。至於節慶時的菜肴，更是少不了波依拉克的「烤羊後腿肉」（Cuisse du mouton de Pauillac）。這道菜是在肉上撒麵包粉烤過後，再加上炒松露片馬鈴薯。

如果遊經波爾多，隨便問任何一位波爾多人：「你覺得此地最引以為傲的是什麼？」百分之百的波爾多人會回答「波爾多酒」。而所謂的「波爾多料理」，也沾染上濃郁的酒香，不論使用哪一種材料，大多都加入了白酒及紅酒；而選擇加入什麼酒調味成 Sauce，也有一點學問。如「波爾多式牛排骨肉」（Entrecôte bordelaise），即以卡伯內・蘇維翁

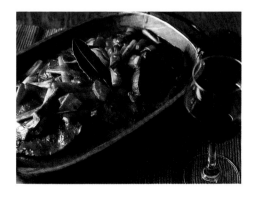

及梅洛來增加肉的香味。通常將肉兩面烤過後，於起鍋前撒下紅蔥碎粒及核桃奶油增味，並淋上以紅酒和紅蔥頭、肉汁混調的 Sauce，即是道地的「波爾多式牛排骨肉」。

一般而言，在法式料理中，紅酒搭配紅肉或野禽、家禽類料理，干邑及白酒則搭配海鮮料理；酒菜之間的搭配亦然！喜歡以香檳或清淡白酒做爲開胃酒的法國人，遵守一項餐飲規定：酒菜的排列順序由淡轉濃郁，在甜點之後爲干邑酒，每道菜之間以礦泉水略微清洗口腔中殘留的前道菜餘味，以便好好地品味下一道佳肴。

獨一無二的波爾多甜點

在波爾多享受一頓道地的地方盛宴，若沒有「凹槽型焦糖肉桂蛋糕」（Cannelé）這道甜點，簡直是沒來過波爾多。

吃來 QQ、份外有彈性的 Cannelé，外觀如同小型的筒管英式布丁，外層有如橡皮筋，內層卻柔軟香甜，並且略帶肉桂、白蘭地的香氣。這個我極度垂青的法式甜點，在法國本土卻是養在深閨無人知；吝惜出門的它，真的每次都要我親臨波爾多，才能一解相思之苦。至於 Cannelé 芳名的由來，一則是因爲它

（左）養在深閨無人問、一舉成名天下知的「凹槽型焦糖肉桂蛋糕」。

的蛋糕模子形狀，
另一方面則源於它
的肉桂香味。

在波爾多，還
有一個絕對不能不
知道的Macaron
──「蛋白杏仁甜
餅」。這是源自義
大利威尼斯，西元
七九一年被僧侶以
自身肚臍眼的形狀
製成、非常受民間
歡迎的法國甜點。
完全以杏仁粉為主
要原料，外表圓
滑，口感酥脆，內
餡柔軟，有咖啡、
草莓、黃連木果、
巧克力、香草等不
同口味的「蛋白杏
仁甜餅」，搭配一

法國麵包店裡的明星──波爾多王冠麵包。

杯Sauternes，讓我時常足以消磨一整個下午。

在法國麵包店裡，入眼所及的麵包明星，即是外形別致搶眼的「波爾多王
冠」（Couronnes bordelaise），由八至九個同樣大小的圓球組成如太陽光環
的形狀，再以薄薄的環箍覆蓋其上。聖誕節時，孩子們都喜歡比賽誰最先撕破
九個球。「波爾多王冠」搭配Echourgnac乳酪及聖美濃紅酒最適合。

喜歡古蹟、海鮮及美酒嗎？波爾多是讓你夜夜沉醉的美麗海港。

Les Cuisines Régionaux
環山靠海的大自然饗宴——
中央庇里牛斯山（Midi-Pyrénées）

　　喜歡吃鵝肝醬、喝飯後酒雅馬邑的老饕，絕對不會錯過到法國西南部做美食之旅的機會。躺在綠草如茵的庇里牛斯山區，邊欣賞大自然美景，邊嚼巴榮納（Bayonne）生火腿，喝馬第宏（Madiran）的紅酒，再在飯後配上當地牧羊人自製的新鮮 Roquefort 乳酪；奢侈一點的，再來一杯飯後的雅馬邑。此時聽

著羊群的咩咩聲，陣陣花香、草香亦隨風傳來，在風聲、羊聲、花草香及濃濃雅馬邑酒的催化下，想不在草地上入夢都很難。這般美食、美酒、美麗的人生，真是令人心曠神怡啊。

　　但是，若想感受真正的法國自然景致，享受一頓道地的海陸大餐，環山靠海的巴斯克（Basque）則是上上之選。伏爾泰（Voltaire，一六九四～一七七八）曾提及，「在山中跳舞的巴斯克人如同淘氣的孩子，但為了保護名譽和家鄉菜的美譽，卻結群地為此拚命。」可見他們多自豪於自己的美食。

大自然魔法師的綠色筆觸

　　儘管法國西南岸各個小鎮均擁有具特色的地方菜，但是環山靠海的巴斯克，得天獨厚地擁有來自大海與庇里牛斯山的新鮮魚肉類資源，再加上那抹大自然特有的「綠色筆觸」──使食物改頭換面及增添食物風貌的辛香料，如香芹（Persil）、牛至（Marjolaine）和被古希臘人喻為「山地的歡樂」的Origan、「辛香料之王」羅勒、蒔蘿的種子（Dill）、胡荽（Coriandre）、艾屬香料（Tarragon）、百里香、帶有胡椒香味的風輪菜（Sarriette）等等，使得巴斯克的菜別具大自然風味。

　　另外特別值得一提的是「Espelette 紅辣椒」。這是只有神方能創造出的、非常辣且帶有豐富花果味，卻不會引起口腔或腹部灼烈難受的辣椒。巴斯克人非常喜歡用它來強調食物的美味，等同於「藏紅花」在西班牙海鮮炒飯中的地位。

　　早出晚歸的巴斯克牧羊人，在忙碌了一天之餘，會回到寒冷的山林小屋，升起爐火，在火上煮一鍋「扁豆菜肉湯」（Elzekaria）。這道混合白甘藍菜、洋蔥、扁豆、肥豬肉丁及一顆壓扁的大蒜所熬成的熱湯，是袪寒的最好熱飲。在微弱的燭火照映下，這道溫馨的扁豆菜肉湯陪伴庇里牛斯山的牧羊人度過一個又一個寒夜。

在法國，沒有人不知道一道非常家鄉味的菜肴——「土魯茲扁豆燒肉沙鍋」（Cassoulet Toulousain）。這道南法蘭格托克（Languedoc）的地方菜，是於菜豆（Haricot blanc）加豬皮及不同調味料混煮而成的菜豆泥上添加肉塊，食用之前先把麵包屑或乾酪絲撒在菜面上烘烤成金黃色。這道菜濃郁而滋補，主要素材早先是蠶豆，直到十六世紀菜豆從西班牙傳入才取而代之。

法國廚界巨擘摩答內曾說：「扁豆燒肉沙鍋為來自奧克（Occitane）的料理，共有『卡爾卡松』（Carcassonne）、『卡思特濃達利』（Castelnaudary）及『土魯茲』（Toulouse）三種。原始扁豆燒肉沙鍋的做法是羅馬人傳入的，以羊肉與蠶豆為主。現在上述三地皆以扁豆為主，但配料略有不同。卡爾卡松是以豬肉為主，由火腿、豬腳、香腸、五花肉組成，再加上一片鵝肝醬；卡思特濃達利則以羊後腿肉為主；而在土魯茲一地，狩獵季節時，通常人們習慣吃這道非常滋補的扁豆燒肉沙鍋，搭配新鮮的當日獵物，如羊後腿、土魯茲的香腸、豬胸肉及鵝肝或鴨肝等份量十足的材料。」

陪伴早出晚歸的巴斯克牧羊人度過寂寞晚的「扁豆菜肉湯」。

無人不知、無人不曉的家鄉菜肴「扁豆燒肉沙鍋」。

想像力與詩意幻化的甜點

　　談到甜點，「法國」對我這個視甜點如命的人，可說是人間天堂。我想不出還有什麼比甜點更具誘惑力，讓我獨獨選擇法國為留學地點的理由。光憑法國人一點點浪漫的幻想力，就足以將賈克・德米（Jacques Demy）導演的《秋水依人》（*Les Parapluies de Cherbourg*）中的雨傘，變成結合了當地 Calvados 蘋果酒與蘋果的「諾曼地 Calvados 蘋果塔」。更無需贅言貝亞恩省（Béarn）著名的「雅馬邑蘋果千層派」（Pastis），千層派皮因加入橘子水及檸檬水的香精而多了一份獨特的香甜，再將蘋果片浸泡在雅馬邑中，等待蘋果肉飽吸了

充滿秋天詩意與雅馬邑清香的「蘋果千層派」。

雅馬邑的香醇與甜美後，再瀝乾雅馬邑做餡。「雅馬邑蘋果千層派」的特色不僅在於融合酒香與蘋果的香甜，也在派皮的薄而酥脆，宛如一葉葉秋葉般，所以充滿想像力與詩意的法國糕餅師傅便以「千葉」（Mille Feuilles）來稱呼這種特別的派皮。

既然提到這個讓我心旌蕩漾的雅馬邑，就不能不說說它的背景。如同干邑來自 Cognac、香檳來自 Champagne，也僅有位於法國西南部卡斯康省的 Armagnac 出產的白蘭地才可稱作雅馬邑。當它的兄弟干邑在世界各地大出風頭時，雅馬邑仍是待在閨中人未識！

雅馬邑所採用的葡萄品種為白佛爾（Folle Blanche）、白優尼（Uni Blanc）及哥侖巴（Colombard）三種法定品種。每年三月，卡斯康省的空氣中就開始瀰漫著濃濃的酒香。傳統雅馬邑的製造步驟是採取多次的蒸餾法，在一個巨大的蒸餾器裡放置五到八層板子，每一層都經過冷凝，再經蒸餾的蒸發處理，直到獲得最純淨的酒。蒸餾後的酒先在橡木桶中醞釀出香氣與韻味，再放到已裝過干邑酒的橡木桶裡，如此一來，雅馬邑的色澤會較干邑深，並且染色的時間較短；但是同樣地，雅馬邑的保存時間也較干邑久。用來裝雅馬邑的瓶子通常為腹部扁平的巴斯克瓶，而最好的雅馬邑是所謂的「陳年」（Hors d'âge）雅馬邑，酒齡往往超過二十年。

美食的天堂樂土

如果說世間存在一塊美食的天堂樂土，那麼絕對會是「固耶」（Guyenne）。除了波爾多、Bergerac、Cahors 的酒之外，還加

挑逗情聖卡薩諾瓦情慾的魔藥，比臭豆腐還臭的 Roquefort 羊乳酪。

上來自佩里戈爾的肥鵝肝、亞榮（Agen）的李子乾、雅馬邑的白蘭地；最重要的是那塊帶藍霉點的乾酪 Roquefort。

　　無論是外型或口味，Roquefort 羊乳酪都很獨特。自羅馬時代即已存在的 Roquefort，讓查里曼（Charlemagne）大帝覺得異常美味，還專程派人從亞克斯－拉－查貝爾（Aix-la-Chapelle）送來。但這聞起來其實比臭豆腐還臭的乳酪，傳說是引起情聖卡薩諾瓦（Cassanova）情慾的魔藥，這可能是招致法國人對它瘋狂迷戀的主因吧！

　　如今，Roquefort 已經成為法國餐後必備的乳酪之一，通常我習慣搭配黑麥麵包、麩皮麵包（Pain de son）；更考究的人，建議可搭配狀如我們荷葉包的庇里牛斯山黑麥麵包（Fougnole des Pyrénées），再加上一點強勁的紅酒，如 Cahors、Madiran。不相信是吧！試試看就知道。

Les Cuisines Régionaux
可麗餅的故鄉——
布列塔尼（Bretagne）

製作世界上最大可麗餅的全體工作人員合照。

在大海圍繞裡誕生的海上民族——布列塔尼人，富於冒險的精神，充滿了對自由的渴望和對超自然現象的崇拜；血液裡流著水手夢想的他們，向著海岸彼端的大陸，憧憬美好的未來。尤其生活在這塊貧瘠荒蕪的土地上，擁有豐富創造力、熱情、勇敢、堅毅的心靈，是布列塔尼人能世世代代與逆境搏鬥，並且

開創出獨具一格的布島文化的重要原因。

Brest　Saint-Brieuc

Guéméné

Guérande

布島的歷史歲月

　　早在西元前六世紀時，克爾特人（Celt）即來到杳無人跡的布島，將此地命名為「阿爾摩」（Armor），意即「海的國度」，並在島上建造巨石堆砌成的建築（Mégalite）。在普路阿哲勒（Plouarzel），仍保留至今歐洲最高的史前巨石卡洛思（Kerloas），其高度為十二公尺，重量達一百五十噸，已雄踞約四千年的歲月。西元前五世紀，凱撒征服此島，開始長期的羅馬文化統治；直到薩克遜人（Saxons）入侵，征服此地（四六○～八二六），才將這裡改稱為「小布列塔尼」（Petite Bretagne），相對於「大不列顛」（Grande Bretagne）的稱號。

　　一五三二年，布島與法國合併，成為現今的法國版圖；但是直到一七八九年法國大革命爆發之前，布島的居民始終享有免稅的權利。一七八九年後，布島的居民如同法國人，必須盡國民的義務。二次世界大戰之前，布島的居民甚至被禁止使用帶布島地方特色的方言。在教會學校裡，不守校規、講方言的學生必須被迫在脖子上戴著象徵「恥辱」的項鍊，直到這位學生找到「代罪羔羊」，才可以將此象徵項鍊交接給下一名同學。這種強制性的作風，雖然確保了法國版圖的完整，卻也使布島後世子孫幾乎完全喪失說、寫母語的能力，並逐漸流失了地方文化與歷史的根。然而，當我遊經布列塔尼地區的城市時，仍可見到以布語標示的街道或商店名稱，彷彿印證著過往歷史的軌跡。而若還想挖掘更多布列塔尼文化，我建議由布島的料理開始。布島居民至今仍完整保留了食的藝術，甚至菜肴本

布列塔尼傳統餐具多以藍色調為主。

身也還沿用著布列塔尼的稱呼。

布島居民是非常虔誠的天主教徒，任何精靈、魔術師、傳說中的仙女或巫婆、妖魔，都被島民視為邪惡的惡魔。

由於島民的虔誠與迷信，布島時常舉行聖者的遊行。島民與聖使徒之間有著極親密的如朋友或家人的關係。除了對聖靈的崇拜，布島居民對與日常生活密切相關的衣食住行方面也有特別的節慶活動，如每年舉行可麗餅節、蘋果酒節及奶油節等地方慶典。每逢節日時，則有所謂「大週末遊行」（Le Grand Weekend）。身著傳統服飾的島民，在街道上唱歌、跳舞，還有很特殊的賽馬車大賽、收割祭等豐富的民俗祭活動，使以從事漁農業為主的布島居民生活增添了些許丰采。

（上）身著傳統家居服的布列塔尼島民。
（下）全麥鹹雞蛋牛奶烘餅——Galette。

打出美食天下的可麗餅

在政治上徹底輸掉了的布島，卻以平凡無奇的薄薄一片雞蛋牛奶餅打出天下，在法國美食強敵環繞中榮登寶座，如今法國各個角落都可以嚐到；但是，我認為真正最美味的，仍只有在布列塔尼當地才可能嚐到。這片薄薄的雞蛋牛奶餅，即國人熟悉的「可麗餅」（Crêpe）。

自十二世紀以來，布島居民無分貴賤，都享用美味營養的可麗餅或是較厚的全麥烘餅 Galette。布島地區的居民們以可麗餅或烘餅來代替傳統的麵包，並伴隨著奶油、雞蛋、香腸及生洋蔥切條一起食用。一六八一年，法國當

拯救數百萬人免於餓死命運的可麗餅。

時的文獻上甚至記載：「若沒有六十年前蕎麥成功地移植到布島，此地的窮苦大眾，不知會有多少人死於飢寒交迫。」布島的天然景觀盡是硬石堆砌的石塊與貧瘠的土壤，在蕎麥尚未成功種植之前，可謂寸草不生；加上布島氣候寒冷又濱海，在海風的侵襲下，沒有什麼植物可以茂盛地生長存活。

　　早期，可麗餅是於以陶土為材料製成的大圓盤或圓石板上製作；近十五世紀時，人們開始採用鐵製的平瓦板；而直到現代，才轉換為鐵製的平底鍋。布島的方言稱這個平底鍋為 Bilig，法文原名則為 Galet，是「卵石」之意；顧名思義，器具本身也是橢圓形或圓形。十五世紀以來，布島居民製作可麗餅時，甚至可以一次做兩百個以上，供全家人一星期食用。

永遠向著海岸彼端的大陸，憧憬美好未來的 Cotriade 魚湯。

　　一般而言，以白麵粉、雞蛋、牛奶調製的麵液做成的可麗餅為 Crêpe，以蕎麥或當地俗稱的「黑麵粉」（Blé noir）加水及些許蜂蜜製成的較厚全麥烘餅則為 Galette。通常 Crêpe 搭配如巧克力、果醬、鮮奶油，甚至藍姆酒等甜餡；Galette 則搭配培根、火腿片、起司、雞蛋等鹹餡。一般我喜歡搭配布島的蘋果酒一起食用。

　　布島還有一道非常特別的傳統菜肴——「甜牛奶雞蛋糕」（Far），可變化甜、鹹兩種版本。Far 與法國一般所謂的「甜牛奶雞蛋烘餅」（Flan）很類似，有李子及葡萄乾兩種。但在更早期，Far 是將白麵粉與黑麵粉和成的鹹麵

糊放入麻袋內，紮口煮熟成固狀後，切片配鹹奶油食用；特別是有一種加了肥肉、粗麵粉與蔬菜煮成的 Kig ha fars。

十五分鐘的鮮美滋味

瀕臨大海的布島，隨時都可以享用最新鮮的海鮮，甚至是世界上最好的海鮮。諸如位於聖布里克（Saint-Brieuc）及布列斯特（Brest）之間水域的大螯蝦，現在已經愈來愈少見，其身軀為藍黑色，帶黃點，烹調後呈現紅色，是當今最好的大螯蝦；貝隆的生蠔亦名不虛傳，曾使得被當今法國廚藝界喻為「天才廚師」的皮耶‧卡內（Pierre Gagnaire），形容其為「品嚐後十五分鐘內，口頰都留著生蠔的鮮美」。

道地的布列塔尼「白汁鱈魚塊」（Morue en sauce blanche）與馬鈴薯及香草料一起以小火燉，也是別具風味的料理；但是或許你會更喜歡當地的海鰻，浸泡在蘋果酒裡數小時後，再加入馬鈴薯及青豌豆清蒸，別有特殊風味。

另外，當地還流行一種非常鮮美的魚湯 Cotriade。這道湯是選擇肉質清淡的魚類，如沙丁魚、鱈魚、海鰻、鯖魚等，加入馬鈴薯、洋蔥或奶油、豬油熬煮，吃時搭配淋上少許醋的麵包片。

在布列塔尼，幾乎所有的烹調都會用到奶油。我的法國好友不少是布列塔尼人，每次到她們家做客，從早餐開始，法國麵包塗奶油；中餐的「香腸乳酪可

布列塔尼各式水手打結樣式圖。

形狀宛如花捲的 Pain de morlaix。

麗餅」，奶油厚厚一層刷在蛋餅的表皮上，再搭配著名的布島「葛魅內香腸」（Andouille de Guéméné），夠營養了，若不滿足，再加一盤「蜂蜜可麗餅」當甜點；下午的 Tea-time 時間更是充滿了奶油香，從典型的「布列塔尼蛋糕」（Gâteau breton）、著名的 Petits bigoudens 餅乾、純奶油製成的長形「四合糕」（Quatre-quarts），甚或早先提到的李子或葡萄乾「甜牛奶雞蛋糕」等，都是高純度的奶油麵粉製品；若是晚餐再來一盤「布列塔尼奶油扇貝」（Coquille St-Jacques à la bretonne），則滿肚子燒的都是奶油，或者更嚴格一點，說布島人視奶油如命，真是一點兒也不為過。

鹽中之花——Fleur de Sel

除了如此豐富的海產外，布島位於大西洋岸的 Guérande 的小島上，還生產一種有「鹽中之花」稱號的特殊海鹽 Fleur de Sel。被法國美食界尊為「鹽中經典」的 Fleur de Sel，不僅被當作調味品使用，其特有的細緻與獨特鹹味，為食物增添前所未有的華麗氣質。在烤好的小牛排上撒上這麼一點，就能夠使小牛排的肉味更凸顯出來。這種珍貴的純海鹽，如今產量已日益減少，近來法國政府已經將此地區關閉成為保護區。

以奶油聞名全法的布列塔尼，竟然到一八四一年才真正擁有該區生產的乳酪。十三世紀時，在一個劇場演出中，竟然因教皇不准布列塔尼人吃乳酪的一幕，讓群眾笑得前仰後翻！而讓自尊心強的布列塔尼人扳回面子的牛乳酪，就是 Petit-breton。當它尚年輕時，搭配南特一瓶由數種 Muscadet 混合而成的 Gros plant 或稱

爲 Muscadet sur lies 的白酒（一種乾白酒，口感清爽，帶有濃郁的花香），以及當地如我們花捲般的特殊花捲麵包 Pain de morlaix 是最好不過了。

　　布列塔尼人的誠懇、正直、熱誠與善良，加上難得一見的海浪奇景、聞名的聖保羅（St-Paul）海港美景、石頭搭建的小屋、海中林立的小島及各式各樣與衣食住行有關的祭典，布列塔尼絕對是一個讓你流連忘返的地方。

充滿著布列塔尼濃濃奶油香的「布列塔尼奶油扇貝」。

Les Cuisines Régionaux
佐伴光榮與挫敗的美食地──
諾曼地（Normandie）

　　諾曼地，這個標示著法國第二次世界大戰光榮與挫敗恥辱的半島，如今已經成為觀光勝地。半島上林立的蘋果樹與各式各樣的鮮花，使我很難相信這兒曾經是屍骸遍野、血流成河的景象。不知道是否因為經歷過戰爭的慘痛，在諾曼地地區，竟然沒有生產紅酒，取而代之的是帶著蘋果蜂蜜香甜的 Calvados──

「蘋果燒酒」。諾曼地人大概並不喜歡紅酒顏色
所帶來的血腥回憶吧！

Calvados
Cidre
Caen
Camembert

什麼都吃的法式「五更腸旺」

　　談起諾曼地，就不由得使我想起某年夏天到當
地旅遊時，旅館的早餐是「胖嘟嘟的小母雞母親的煎雞蛋捲」（Omelette de la
mère poularde），這個名字非常可愛、但狀似平凡無奇的煎蛋，卻是昔日諾曼
地最受歡迎的簡餐之一。

　　據說，當時在諾曼地，有一名體型非常像小母雞的廚娘（故有「母雞廚娘」
之名）共育有十二名子女，每次到了用餐時分，就是她最愁眉不展的時刻。某
日，她出了一趟遠門，將小孩託付給鄰人；而等她辦完事回家一看，這群胖嘟
嘟的孩子們，才兩天光景，便一個個面黃肌瘦。望著這些孩子們，心疼萬分的
「母雞廚娘」匆匆忙忙地找出十二顆雞蛋及奶油、鮮奶油（Crème），將蛋白
與蛋黃分開打，再將打鬆的蛋白和打散的蛋黃、鮮奶油及加少許鹽、胡椒做成
的蛋汁，放入融化的奶油鍋中，以湯匙拚命攪拌，再將其對折為半圓狀。煎蛋

洋溢幸福與甜蜜愛
意的「胖嘟嘟的小
母雞母親的煎雞蛋
捲」。

最適合在諾曼地花園中享受的「卡恩式牛羊豬肚」。

做好後，孩子們紛紛狼吞虎嚥地舔下最後一滴盤中的蛋汁。這位「母雞廚娘」
將這道臨時起意的煎蛋，取名為「胖嘟嘟的小母雞母親的煎雞蛋捲」。當我在
諾曼地度假的那段日子裡，每天早上吃這道煎蛋時，心中總有不知何來的幸福
溫馨的感覺……這大概是母愛的力量吧！

　　雖說中國人是全世界最敢吃、也最會吃的民族，但是法國人卻也不遑多讓，
從動物的腦子、內臟、豬皮、肝臟、心、蹄膀，到地上爬的蝸牛，全都進了法
國老饕的胃裡。四川菜裡有一道著名的「五更腸旺」，在諾曼地，則有與之匹

敵的「卡恩式牛羊豬肚」（Tripe à la mode de Caen）。事實上，法國各省都有「牛羊豬肚」這道菜，但是，真正在這道菜的處理方式上贏得美譽的卻只有「卡恩式牛羊豬肚」。

卡恩（Caen）與著名的諾曼地蘋果燒酒產地緊鄰，耳濡目染的結果，使得當地人連料理中都不忘記加入地方特產——「蘋果燒酒」及「蘋果酒」，以增添特殊的蘋果香味，卡恩式牛羊豬肚自然也不例外。卡恩式牛羊豬肚是將切成五公分正方的牛、羊胃、牛肚等，加上大蒜、百里香、月桂葉等香料及一塊牛油，再淋上蘋果燒酒及蘋果酒，加少許麵粉與適量的水煮開入味，再放進烤箱烤約十小時即成。這道菜的製作過程非常費時耗力，但是口感香甜，吃後三日不知肉味。

在大戰壕溝中一夕成名的蘋果燒酒

前述兩種諾曼地最知名的酒——「蘋果燒酒」及「蘋果酒」，都是以蘋果壓榨的汁加工製成；後者是將不太綠或不太熟的蘋果均勻地混合壓汁。品質優良的蘋果酒多半口感柔和，帶著輕微的苦酸味；若是製造過程有些許失誤，也會加一些梨子補救。

蘋果酒的做法是在堆疊蘋果幾天之後，使蘋果變成如乳酪般的黏稠狀，再壓擠出所需的蘋果汁，然後將擠出的原汁倒入釀酒槽中放置約一個月，再經過澄清、過濾、消毒，清除具有腐蝕性的物質後，裝瓶上市。通常蘋果酒的酒精濃度約為四％至五％左右。一般而言，蘋果酒分為下列幾種：Pur jus，指沒有加入任何水分的「純原汁」；Mousseux：指汽泡酒；或 Sec、Brut、Fermier：指酒精濃度較高者；若標示 Doux，則酒精濃度約三％，且較 Sec 甜，因為一部分的糖並未轉化發酵為酒精。有一類更少見的產品 Cidre bouche，是指酒在封閉的瓶裡繼續發酵，通常這種酒瓶口的軟木塞都以鐵絲封住，如同香檳的封口法。

諾曼地也生產「梨子酒」，但是因為不易保存、製造過程不易而產量日益稀少。

我第一次到諾曼地旅行時，不是為了它著名的海灘，也不是因為

如詩如畫的風景，而是爲了買令我醉心的蘋果燒酒。這個喝來如初春百花蜜釀的蘋果燒酒，真正存在的時間卻不到一個世紀。

第一次世界大戰期間，諾曼地滿山遍野都是壕溝，守在壕溝裡的士兵們，人手一瓶蘋果燒酒祛寒解憂。戰爭結束後，當地居民發現壕溝裡到處都是蘋果燒酒瓶，便傳說是蘋果燒酒幫軍隊打了勝仗！一夕之間，「蘋果燒酒」之名響徹全法國，甚至名揚世界。一九二〇年開始，布列塔尼人與諾曼地人在巴黎「蒙巴納斯」（Montparnasse）車站附近的咖啡店裡喝咖啡時，習慣在咖啡中加一點點蘋果燒酒。這個古怪的動作立刻引起巴黎人的好奇，掀起一股時髦風潮。

最好的蘋果燒酒是來自 Pays d'Auge。法國民間有此一說：「Faire le Trou Normand」，照字面解釋是「諾曼地人的洞」，但其實這是當地人遺留下來的一種習俗，指「在兩道菜之間喝一小杯蘋果燒酒」；若無蘋果燒酒，也可以用干邑或水果燒酒（Eau-de-vie de fruits）代替。通常在一頓豐盛餐宴的前菜與魚類主菜後，先飲一小杯蘋果燒酒，一方面幫助消化，再者可以促進食慾，幫助諾曼地人的胃再塞下一隻烤羊腿。不過現在 Trou Normand 已經被「甜酒水果冰」（Sorbet aux fruits arrosé d'un alcool）取代。

蘋果燒酒的資歷是看得見的！由瓶上的標籤即可區分。如最年輕的酒，以三顆星或三個蘋果標示的表示爲期兩年；Vieux、Réserve 表示三年；若是 Vieille réserve、VO 則表示四年；VSOP 爲五年；再往上則以 Napoléon、Hors d'âge 或 Âge inconnu 表示。

令人無法轉移目光的乳酪明星——Camembert

長相像胖男人凸出的肚子或禿驢腦殼的「奶油圓球蛋糕」。

諾曼地有一個讓全世界都無法在它面前轉移目光的乳酪明星——Camembert。隨便問一個外國人哪些東西最能象徵法國，任何人都會毫不猶豫地回答：「巴黎鐵塔、法國麵包、Camembert！」如今在法國人心目中，Camembert 變成一個等同耶穌基督的謎，但是，Camembert 的誕生卻早在一六八〇年！只是，當時法國境內製作乳酪仍屬

僧侶的私有之密，不願公開
給民眾知道，但自一位農女
意外從某僧侶處得到製作方
法並試驗成功後，即為我們
今日吃的 Camembert。然
而，直到一八九○年，工程
師瑞德爾（Ridel）發明木
盒包裝，使 Camembert 更
方便攜帶，才將其帶至全法
各角落。

士兵的乾糧——Pain brié。

　　Camembert 的口感十分細緻光滑，乳酪本身也很柔軟，味雖強但勻稱，搭配 Pauillac 等口感強勁的酒，再加上諾曼地著名的麵包 Pain brié，非常適宜。

　　Pain brié 十四世紀時由西班牙僧侶傳入法國。當時，濱臨 Calvados 岩礁有一艘擱淺的大帆船，船上漂流了數天依然健在的僧侶，在昏昏沉沉中道出救命的仙單，就是這種很紮實、又可以久放的麵包。消息傳開後，一夕之間，所有諾曼地的麵包師傅們都拚命趕製這種麵包，做為士兵們出外打仗的食糧或荒年時家中的備用乾糧。

　　製作 Pain brié 時，要將一個木製的撬棒重重地打在和麵缸中的麵糰上，把麵糰中的空氣壓出，並且表皮必須烤得非常硬以免接觸空氣，而麵包心則為緊密的棍狀或球狀。

　　完美的餐宴，少了甜點，就像美麗的女人少了大腦一般，總覺得缺了點什麼。在糕點的世界裡，諾曼地奶油充分展現了它的長才。如長相像胖男人凸出的肚子或禿驢腦殼的「奶油圓球蛋糕」（Brioche），在諾曼地，突變成了「液體奶油圓球蛋糕」（Brioche coulante，又名 Fallue）。此外，奶油做成的千層派、包烤蘋果肉或梨子肉做成的「蘋果／梨子千層酥」（Bourdelots ／ Douillons），以及「蘋果塔」（Tarte aux pommes）、「捲邊蘋果醬餡餅」（Chaussons aux pommes）等，更是不容錯過。

　　當然，除了美酒、乳酪、佳肴，還有海景。諾曼地的海景讓我至今都難以忘懷。我還清楚地記得我下榻的海邊旅館的早餐室，每個窗戶都將大海框成一幅完美無瑕的繪畫，而且隨著季節、氣候與時間變化。

　　只可惜，這難得一見的美景卻遇上我故障的照相機，所以我只能將這無限美景，以文字與大家的想像力分享了⋯⋯

住在帳篷裡的「梨子千層酥」。

Les Cuisines Régionaux

置身「法國花園」裡的野餐——
羅亞爾河谷區（Pays de la Loire）／
中央區（Centre）

　　延綿不絕的山谷、宜人的氣候、大大小小錯落於灌木林間的城堡，使得法國歷代國王寧願捨棄無聊塞納河畔一座座森嚴的皇宮府邸，也要來到如詩如畫的羅亞爾河兩岸別居；居住在這些青山綠水環繞的城堡內，生活是一種意境，也是一份遐意。杜爾的如畫美景，曾使法國國王讚歎爲「法國的花園」！而羅亞

爾河下游的安茹（Anjou），因盛產各式水果，
如梨子、蘋果、義大利李子，以及蔬菜、鮮
花、羅亞爾河中的鮮美漁產，還有
家家後院的苗圃，而贏得「甜美
安茹」之名。

Anjou

Vendée

Challans

Tours
Chinon

Saumur-Champigny

　　羅亞爾河還享有另一項美譽：「法國最文化的區域」。

吃出來的文化

　　法國最後一次文化語言運動發生在十六世紀末期，由身兼美食家、諷刺作
家、僧侶、醫生數職的方素華·拉伯雷發起；至今，法國人仍認為全法國法
語說得最純正的地區是羅亞爾河一帶。而此地的居民在眼神和舉止上，亦流
露著些許「末代貴族情結」，有點高傲與慵懶。每到晚上八點，家家戶戶門窗
深鎖，好像不再歡迎外人打擾。然而，平日沉默寡言的杜爾人，每當全家圍著
飯桌共進晚餐的時候，便個個搖身一變，成了能言善道的思想家、批評家；舉
凡任何值得討論的 Topics，諸如經濟改革方案、文學家的作品、某思想家的
著作、法國當前移民法改革方案、巴黎的畫展等，都在討論議題之內。我住在
杜爾的一個月期間，法文突飛猛進，都得力於這充滿思想與文化討論的晚餐時
間。

　　那麼我在杜爾的一個月，晚餐究竟都吃了些什麼？雖然杜爾人有富於思考批

評的精神，但是，法國人就是法
國人，天大地大仍比不上法國佬
的肚子大。他們藉著言談之餘的
喘氣時間，趕緊往嘴裡塞食物；
我當然也不例外，在他們發表
高論或歇息的時間裡，拚命夾菜
往盤子裡送。有一回不巧，當他
們說累了，轉頭望著剛吞下一
塊「安茹豬血香腸」（Gogues

angevines）的我，用期望的眼神希望我發表一些對問題的看法時，我的豬血香腸剛好梗在喉頭，忙亂間，只好胡亂地吞下一大口 Chinon 紅酒，以推動卡在喉間的豬血香腸……老實說，那天說了什麼，我早已忘記，但是我卻清楚地記得這一個月間，我吃過了些什麼。

平衡、和諧、節制、審慎的杜爾料理

　　罐裝的「廣達香肉醬」，相信你我都不陌生，但是你大概不知道，法國也有肉醬類製品，除了聲名遠播的「鵝肝醬」（Confit d'oie）、「鴨肝醬」（Confit

杜爾人名為豬仔三部曲之一的「杜爾熟肉醬」，將平衡、和諧、節制與審慎溶於一爐。

法國國王最喜歡的羅亞爾河谷魚料理——紅蔥頭奶油魚。

de canard），還有非常家鄉口味的「杜爾熟肉醬」（Rillettes de Tours）。

　　喜歡邏輯、清晰、整齊的杜爾人，對「杜爾料理」（Cuisine Tourangelle）也講求「平衡」、「和諧」、「節制」與「審慎」四大原則。杜爾人將他們對人生的哲理與省思巧妙地融入特殊的豬肉料理。當地有名為「豬仔三部曲」的料理：「豬、鵝炸油後的油渣」（Rillons）、「熟肉醬」（Rillettes）和「香腸」（Andouilles）；其中以「杜爾熟肉醬」最受文豪巴爾札克青睞，他曾比喻其為「棕色的果醬」，在杜爾的地方美食裡占有絕對的崇高地位。

　　通常我很喜歡將杜爾熟肉醬與羅亞爾河河谷產的白酒 Montlouis、扁平的圓形麵包 Foué、醋醃蔥頭及醋醃小黃瓜一起食用。最好的熟肉醬產自「杜爾」及

「傅佛菲」（Vouvray）兩地，材料則是使用新鮮的牛肉，或者更考究的會使用尚在懷胎期的母豬或剛生下來不久的小豬仔，據說這樣肉質才會鮮美多汁。將上述肉材切塊後，放入加了豬骨頭與軟骨的大鐵鍋內煮五至六個鐘頭，增加油性，再加大蒜、鹽與洋蔥入味，即可做成熟肉醬。

羅亞爾河的漁產也是非常傲人的，當地最具代表性的魚是 Sandre。這種魚長一公尺、重量可達十五公斤，肉質非常美味，有點類似我們的草魚，但刺較多。當時法王與隨從來羅亞爾河的城堡度假時，總會將回程延期。夜夜盛宴的國王，總喜歡在菜單上安排幾道魚料理，如「奶油白斑狗魚」（Brochet au beurre blanc）、「酸模西鮭魚」（Alose farcie à l'oseille）、「紅蔥頭奶油魚」（Sandre au beurre d'échalotte）及著名的「紅酒洋蔥香菇李子鰻魚」（Bouilleture）等，都證明當地廚師處理河水魚的烹調手法多變化，並且充滿了想像力。

不起眼而美味的夏隆鴨子

繼續往羅亞爾河區下端，在位於法國西部中央區的普瓦圖（Poitoux）及旺代（Vendée）不難找到法國美食文學中數度記載的夏隆（Challans）的鴨子。這種外形不起眼的鴨子，體型嬌小，肉呈紅色、肉薄、油脂厚，吃來非常美味。巴黎著名餐廳「銀塔」（Tour d'Argent）的招牌菜「血鴨」（Canard au sang），即為來自夏隆的產品；若搭配來自波依拉克的酒，口感相當平衡。

說到甜點，旺代有一道著名的「旺代奶油圓球蛋糕」（Brioche vendéenne）。旺代有一句俗語：「沒有任何節日少得了『奶油圓球蛋糕』！」昔日，在猶太教的逾越節時，當地人會製作數個旺代奶油圓球蛋糕與信徒們分享。這個外形很類似我們奶油土司麵包的旺代奶油圓球蛋糕現在成了結婚典禮上的蛋糕，由新娘切片後分送大家。其實旺代奶油圓球蛋糕的外形並不特別，只是香味上多加了橘子香精，所以滋味更香甜，而且麵包如土司般質地柔軟。

在普瓦圖及旺代區，還有一道更著名、帶點爵士浪漫的「法式乳酪蛋糕」（Tourteau fromagé）是茶餘飯後的必備甜點。以羊乳酪、新鮮液體乳酪

感覺有點 Jazz，純白與純黑的感性蛋糕——法式乳酪蛋糕。

（Crème fraîche）與雞蛋、麵粉、糖等加在一起烤成表面爲黑色圓塔型的法式乳酪蛋糕，外黑內白，煞是好看，感覺有點 Jazz，純黑與純白的感性境界。如果可能，我會更希望你們在巴黎的 SUNSET——Jazz Club 裡，邊聽薩克斯風演奏，邊吃法式乳酪蛋糕，因爲 SUNSET 連招牌都是黑白相間的……

羊乳酪的魅力

喝過羅亞爾河谷區白酒的人，都不會忘記它口感的清澈與醇美，如乾型白酒 Vouvray 或 Touraine。前者的酒體需要等上幾年，方可達到成熟的境界；經過幾年的存放後，其酒色呈金黃，富花果香。後者除了乾型白酒外，也生產紅酒與粉紅酒，但是通常不耐久放，宜趁年輕時飲用。

我個人倒是非常喜歡 Saumur-Champigny，除了紅酒、粉紅酒的產品外，近來它還生產一種氣泡酒，口感略顯乾烈、強勁，有時可拿來代替香檳。

近年來，Saint-Maure de Touraine 在法國掀起一陣旋風，所有杜爾的傳統羊乳酪，諸如 Ligueil 或 Louches，全都給比下去了。只要隨意繞一下斗大的杜爾城，一定不難發現十個人中有九個都是吃羊乳酪，剩下的一個可能根本不吃乳酪，由此可見羊乳酪的魅力在當地影響之極。我也是對羊乳酪極度瘋狂的人，通常不分四季，冰箱裡一定有一盒如發霉濕木幹的 Saint-Maure 羊乳酪。這個外表如發霉中毒死屍的青藍色 Saint-Maure，口感柔軟綿細，搭配 Foué 麵包及 Chinon 的紅酒都不錯。

這個有著「法國花園」美譽的羅亞爾河谷區與以甜點、鴨肉聞名的中央區，是喜愛與大自然美景做伴的你最好的野餐地點。還有什麼比在此享受一頓豐盛的美酒佳肴更讓人躍躍欲試呢？

外形如發霉死屍的 Saint-Maure 羊乳酪。

Les Cuisines Régionaux
藏起來的⋯⋯美味──
奧佛涅（Auvergne）／利慕贊（Limousin）

　　法國有一句俗話：「奧佛涅人擁有牆與土！」意指奧佛涅人擁有法國大部分的土地與巴黎的啤酒店。但是，身為百萬富翁的奧佛涅人，卻是道地的守財奴，不像有錢的猶太人總喜歡將 Money 這個字掛在嘴邊，而是粗衣粗食、日常行為與一般平民百姓無異的「隱形有錢人」。奧佛涅人在法國的評價如同義

大利的黑手黨，喜歡金錢和漂亮的女人，重視家庭。

St-Nectaire

Limousin

Côtes
d'Auvergne

包裹起來的美味

　　奧佛涅是道地的山區，當地最重要的三項食物是培
根、火腿及白葉捲心菜。經由奧佛涅人的想像力，這三
項材料變成高麗菜包肉（Choux farci）。法國人給這道菜
取了個別名：「被囚禁的奧佛涅人」，因為被層層高麗菜葉包裹的絞肉餡，如
同充滿了銅臭味的奧佛涅人。

　　但是，奧佛涅人喜歡吃，更喜歡將他們的創造力、想像力與對美食的鑑賞力
運用到料理本身，再融入奧佛涅的好客精神，使得奧佛涅的料理不但外形別出
心裁，份量也相當可觀。

　　奧佛涅料理主要有兩種素材，其一為馬鈴薯；另外一個則是豬肉。除了做為
豬仔的日常食物外，馬鈴薯也在奧佛涅的料理中扮演決定性的角色。比如最受
歡迎的「蔬菜燒肉湯」（Potée），便是以馬鈴薯、紅蘿蔔、「高麗菜包肉」及
豬腳、豬肉等材料混煮成，味道濃郁鮮美。

　　在奧佛涅的料理中，還有一道光看就讓我垂涎三尺的「羊肉包牛絞肉捲」
（Falettes）。鮮豔欲滴的肉汁，在金黃的扁豆、火紅的紅蘿蔔與如白玉的洋
蔥搭配下，更激起我無限想吃的慾望。為什麼想吃呢？首先是因為奧佛涅料理
總喜歡「包紮」食物。如高麗菜包肉外表看來是一顆平凡無奇的高麗菜，但切
開後卻光芒畢現。同樣地，外觀看來像我們火腿叉燒肉的羊肉包牛絞肉捲，也
是先將調好的牛絞肉餡厚厚地
平鋪在羊胸肉片上，再將其捲
成圓筒型，以麻線緊緊包紮起
來。

　　從外表瞧不出端倪的羊肉包
牛絞肉捲，如同高麗菜包肉，
或者更貼近凡事不喜歡明目張
膽表現的奧佛涅人，總是把最

好的東西留到最後才顯露。所以，如果不將羊肉包牛絞肉捲切片，是無法吃出個所以然的。

富巧思的麵包

奧佛涅不僅菜新奇，連龜殼背麵包（Gruau Auvergnat）都長得很特別，像一朵巨大的香菇或龜殼背。還記得馬內那幅「草地上的午餐」嗎？青山環繞的奧佛涅人，非常喜歡到郊外踏青。尤其是春暖花開時，帶著心愛的人，手提一個大籃子，裡面裝滿火腿、St-Nectaire 牛乳酪、Côtes d'Auvergne 紅酒及自製

層層包裹起來的美味──高麗菜包肉。

被扁豆與羊肉囚禁的「羊肉包牛絞肉捲」。

的三明治。這種以龜殼背麵包做成的三明治，在法國蔚爲流行，無論在雞尾酒
會或品酒會中，都是必備鹹點。

　　這種三明治的做法是先將龜殼背麵包硬如龜殼的帽子切開，再將內部的麵包
完整地沿麵包殼邊切開，取出土司麵包部分，切成大小均等的麵包片後，內夾
火腿、起司等餡，再照原形排放回挖空的麵包殼內，最後蓋上麵包龜殼蓋子。
這極富巧思的「龜殼背麵包三明治」，又是得自奧佛涅人的巧思。

　　曾經讓法王路易十四及有美食國王之稱的「太陽王」俯首稱臣、折服於其魅
力的，正是眾所皆知的牛乳酪 St-Nectaire。它的名字是來自那位大名頂頂的軍

官亨利・聖內荷（Henri de St-Nectaire）。聖內荷親自將這塊沒沒無聞的乳酪呈給當時最好吃的國王「太陽王」，一夕成名萬人知，因而以 St-Nectaire 之名紀念這位軍官。St-Nectaire 口感豐富，略帶核桃香味，搭配水果味豐富但口感順滑易飲的紅酒 Côtes d'Auvergne 最適合。

　　不過，無論哪一道菜，與利慕贊的牛肉比起來，還是遜色很多。

利慕贊人的美食血液

　　法國有兩大牛肉最爲人稱頌，一是尼非內地谷（Val du Nivernais）的夏隆內白牛，另一個則爲利慕贊的紅牛。利慕贊的紅牛肉通常分成三級：一爲閹割過的小牛，通常在十五個月內就送去宰殺，即一般美國市面上流行的Baby-beef；另一種未閹割的小牛，通常最多不會超過十八個月就送進屠宰場；再者爲成年的牛，約需三年至五年的時間，現在愈來愈少見。

　　除了好吃的牛肉，利慕贊還有一道非常受歡迎的甜點——「櫻桃奶油派」（Clafoutis），採用利慕贊當地生產的新鮮黑櫻桃爲原料，加奶油麵糊烤成。一位法國糕餅師傅曾對我說：「能成功地抓住櫻桃奶油派精神的，只有利慕贊人。因爲，成功的櫻桃奶油派，首先要求有利慕贊當地產的新鮮黑櫻桃，只有這種黑櫻桃才帶有一種獨特而與眾不同的香氣；其次是懂得拿捏麵糊的豐富性與清淡口感……但是要達到櫻桃奶油派的完美臻境，則需要血液中有著利慕贊人的氣質。」他說得很玄，但是，當我眞正感受了這麼多年的美食經驗之後，眞的發現，一旦地方美食丟了根，似乎就失去那股原始的迷人魔力，變得如同嚼蠟。

　　利慕贊的櫻桃奶油派中那股如曇花般的櫻桃香、麵皮柔軟卻綿密的口感，在我居住巴黎這幾年，始終無緣再接觸，或許，我應該再回到利慕贊，一解我對它的相思吧！

（上）硬如龜殼的 Gruau Auvergnat。
（右）流著利慕贊人血液的「櫻桃奶油派」。

chapitre 5

輕鬆享用
法國菜

對法文一竅不通的觀光客，

到了法國餐廳，面對法文菜單，

通常會如同讀無字天書般的尷尬，

其實，只要事先懂得法國菜

用餐的基本禮儀及步驟，

將菜肴內容弄清楚，

就八九不離十了……

Apprécier la Cuisine Française
看懂菜單其實很簡單

　　對法文一竅不通的觀光客，到了法國餐廳，面對法文菜單，通常會如同讀無字天書般的尷尬，若是一個菜一個菜問，只會招致餐館侍者背後的竊笑，覺得此人不懂得法國的用餐基本禮儀；若是半天不吭一聲，又見侍者畢恭畢敬地立在桌旁；但若拿字典出來查，又有太多生字，一時之間，竟然不知如何是好，方才體會有錢也無啥用。

　　其實，只要事先懂得法國用餐的基本禮儀及步驟，詳讀該地區的特產及地方菜的名稱，將菜看內容弄清楚，再把以下教的幾個步驟讀明白，就八九不離十了。

　　一般而言，法國菜分為「開胃菜」（Hors-d'oeuvre）、「前菜」（Entrée）、「主菜」（Plat）、「乳酪」（Fromage）、「甜點」（Dessert）五大項；而「主菜」又分海鮮類（Poisson）及肉類（Viande）兩組選擇。

　　高級的法國餐廳都會提供特別的季節菜單，如 155 頁菜單範例上所顯示的「冬季套餐」（Menu d'hiver），或者更別致的「品嚐套餐」（Menu dégustation），通常後者的份量較一般餐少，但種類多，並且都是該餐館的代表菜。到了鄉下地方，會有所謂「地區套餐」（Menu régional），強調以該地區特產做出的地方佳肴。另外還有為招攬食客而設立的「中午套餐」（Menu déjeuner）。

　　在「套餐」中，一般都依開胃菜、前菜、主菜、乳酪、甜點的順序排列，前菜多為海鮮，主菜則為肉類。若不想吃太多，或不喜歡套餐的菜色，可以選擇較富變化性的「菜單」（Carte）。

　　「菜單」的排列順序如同套餐，只是在最後一項加了咖啡（Café）。

　　法國餐廳通常還會獨立出一本酒單（Carte du vin）。

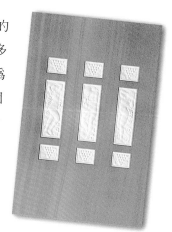

我建議由口味淡、爽口的白酒或香檳開始，再依上菜的順序與菜色轉為口感濃烈的紅酒。一般而言，前菜多為海鮮類，所以搭配白酒或粉紅酒最適宜；主菜則為肉類，通常搭配紅酒最為適當；之後的乳酪，可依個人需要選擇搭配水果或香料；最後的甜點搭配則以貴腐型的甜白酒或一般甜白酒為最佳選擇。通常在咖啡之後，男士可以點一杯干邑酒做為完美的用餐句點。

　　要觀察一個餐廳的菜單夠不夠水準，由它開出的菜單「平衡與否」即可判斷。通常一份夠水準的菜單在「數量」、「一流原料的選擇」、「菜色的變化」三方面都得考究。數量方面，從開胃菜、前菜、主菜、乳酪到甜點，每項維持五至七種選擇，太多會造成餐廳的原料品質不佳，有存貨的可能性。此外，原料的選擇必須是最好的，如155頁的菜單中，採用珍貴的原料「佩里戈爾松露」製成「佩里戈爾松露扇貝糕」（Damier de truffe du Périgord et coquilles Saint-Jacques），還有珍貴稀少的「布列塔尼龍蝦」（Homard breton）、「閃光鱘魚子醬」（Caviar Sevruga）等。菜色變化方面，大膽富創意是名廚的必備條件。在亞倫·巴薩德這份菜單中，那不可思議的「冷水燻雞」（Poulet de Janzé au foin）、化腐朽為神奇的「十二種口味的糖醃番茄」（Tomate confite farcie aux douze saveurs）等，足見廚師的才華。

　　「吃」美食雖是無與倫比的樂趣，「讀」菜單，研究它每道菜的組成材料、想像它的色澤與口感，更是一種無上的快樂；如果能夠更進一步窺見廚師背後的思想，那可真是達到忘我的境界了。

　　如「迷迭香酸甜蔓菁和布列塔尼龍蝦」（Homard breton et navet à l'aigre-doux au romarin）這道菜，使用原料為布列塔尼龍蝦及蔓菁，顏色為紅、綠、白，口味則是酸甜略帶迷迭香。在法國的菜單中，每一道菜都清楚地標示著原料、色澤，甚至口感，絕沒有混淆不清的情形，對點菜的人非常方便。

下面列出一些常用的原料名稱，幫助大家輕鬆讀菜單，
同時更能享受法國美食：

agneau：羔羊

anis étoilé：八角茴香

araignée de mer：蜘蛛蟹

blancs de poireau：韭蔥的蔥白

café：咖啡

canard：鴨

caramel：焦糖

cardamome：荳蔻

caviar Sevruga：閃光鱘魚子醬

châtaigne：栗子

chocolat：巧克力

chou-fleur：花椰菜

citron：檸檬

citron vert：綠色檸檬

cochon de lait：乳豬

coquilles Saint-Jacques：扇貝

crème de truffe：松露奶油

datte：棗子

dragée：糖衣杏仁

endive：苦苣

feuilles de laurier：月桂葉

foie gras de canard：肥鴨肝

fromage：乳酪

genièvre：刺柏果實

gingembre：薑

Graves blanc：Graves 白葡萄酒

homard breton：布列塔尼龍蝦

huître：生蠔

hydromel：蜂蜜水

jus de truffe：松露汁

lait d'amande：杏仁奶

langouste：龍蝦

langoustine：海螯蝦

lapin de garenne：野兔子

navet：蔓菁

œuf：蛋

palourdes：綴錦蛤

Parmesan：義大利乳酪名

persil：香芹

pigeonneau：小鴿子

poire：梨

pomme：蘋果

poulet：雞

praliné：撒有糖杏仁屑

quasi de veau de lait：小牛腿肉

raisin：葡萄

ravioli de coque：義大利式餃子

réglisse：甘草汁

rémoulade：用醋與芥末調製的調味醬汁

ris de veau：牛犢胸線

romarin：迷迭香

Saint-Pierre：魚名

sauge：鼠尾草屬植物

Sauternes：貴腐甜白酒名

Sole：鰨魚

tomate：番茄

truffe：松露

truffe du Périgord：佩里戈爾松露

vanille：香草

vinaigre de Xérès：西班牙酒醋名

vin jaune：黃酒

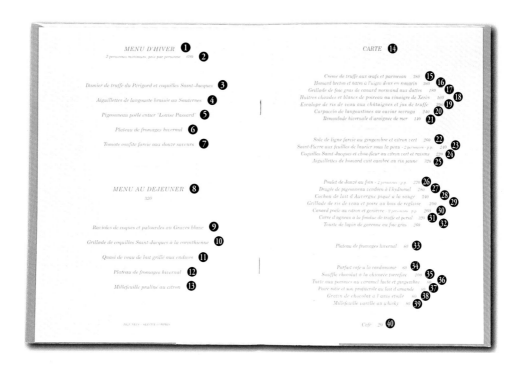

❶ MENU D'HIVER／冬季套餐

❷ 2 personnes minimum, prix par personne 690／至少兩人，每人價格 690

❸ Damier de truffe du Périgord et coquilles Saint-Jacques／佩里戈爾松露扇貝糕

❹ Aiguillettes de langouste braisée au Sauternes／索甸酒文火煨龍蝦肉片

❺ Pigeonneau poêlé entier "Louise Passard"／路易‧巴薩德的燴小鴿子

❻ Plateau de fromages hivernal／冬季乳酪盤

❼ Tomate confite farcie aux douze saveurs／十二種口味的糖醃番茄

❽ MENU AU DEJEUNER 320／中午套餐 320

❾ Ravioles de coques et palourdes au Graves blanc／Graves 白酒綴錦蛤餃子

❿ Grillade de coquilles Saint-Jacques à la corinthienne／科林斯式煎扇貝

❶❶ Quasi de veau de lait grille aux endives ／苦苣小牛腿肉

❶❷ Plateau de fromages hivernal ／冬季乳酪盤

❶❸ Millefeuille praliné au citron ／檸檬糖杏仁千葉派

❶❹ CARTE ／菜單

❶❺ Crème de truffe aux œufs et parmesan 280 ／Parmesan 起司松露奶油蛋 280

❶❻ Homard breton et navet à l'aigre-doux au romarin 260

　　　／迷迭香酸甜蔓菁和布列塔尼龍蝦 260

❶❼ Grillade de foie gras de canard normand aux dattes 180 ／棗子諾曼地香煎鴨肝 180

❶❽ Huîtres chaudes et blancs de poireau au vinaigre de Xérès 160

　　　／熱生蠔 Xérès 酒醋韭蔥蔥白 160

❶❾ Escalope de ris de veau aux châtaignes et jus de truffe 200 ／栗子牛犢胸線和松露汁 200

❷⓿ Carpaccio de langoustines au caviar sevruga 240 ／閃光鱘魚子醬配海螯蝦薄片 240

❷❶ Rémoulade hivernale d'araignée de mer 140 ／芥末醋蜘蛛蟹 140

❷❷ Sole de ligne farcie au gingembre et citron vert 260 ／青檸檬薑鰨魚 260

❷❸ Saint-Pierre aux feuilles de laurier sous la peau - 2 personnes - p.p. 240

　　　／月桂葉 Saint-Pierre 魚　至少兩人，每人價格 240

❷❹ Coquilles Saint-Jacques et chou-fleur au citron vert et raisins 220

　　　／葡萄檸檬花椰菜扇貝 220

❷❺ Aiguillettes de homard cuit cambré au vin jaune 320 ／黃酒煮龍蝦肉片 320

❷❻ Poulet de Janzé au foin - 2 personnes - p.p. 220 ／冷水燻雞　至少兩人，每人價格 220

❷❼ Dragée de pigeonneau vendéen à l'hydromel 280 ／糖衣杏仁蜂蜜水旺代小鴿子 280

❷❽ Cochon de lait d'Auvergne piqué à la sauge 240 ／鼠尾草香奧佛涅乳豬 240

❷❾ Grillade de ris de veau et poire au bois de réglisse 300 ／香煎牛犢胸線和甘草梨 300

③ Canard poêlé au citron et genièvre - 2 personnes - p.p. 260

／刺柏檸檬燴鴨　至少兩人，每人價格260

③ Carré d'agneau à la fondue de truffe et persil 320 ／香芹松露燴羊肉塊 320

③ Tourte de lapin de garenne au foie gras　260 ／鵝肝野兔圓餡餅 260

③ Plateau de fromages hivernal 80 ／冬季乳酪盤 80

③ Parfait café à la cardamome 60 ／荳蔻咖啡 60

③ Soufflé chocolat à la chicorée torréfiée　100 ／烤菊苣巧克力發糕 100

③ Tarte aux pommes au caramel lacté et gingembre 80 ／焦糖蘋果塔 80

③ Poire rôtie et son profiterole au lait d'amande 80 ／杏仁奶烤梨子 80

③ Gratin de chocolat à l'anis étoilé 80 ／八角茴香焗巧克力 80

③ Millefeuille vanillé au whisky 80 ／威士忌酒香草千葉派 80

④ Café 20 ／咖啡 20

Apprécier la Cuisine Française
享用法國菜 STEP BY STEP

前菜

❶ 切麵包，將麵包抵著身子，刀子口由外往內切，厚度依個人喜好而定，大致上以 1cm～2cm 厚爲標準。

❷ 塗抹熟肉醬時，先以刀子切下適量肉醬，再如塗奶油般均勻塗抹於麵包上。

❸ 觀察酒的色澤，做晃杯動作：用大拇指、食指握住杯座，以順時針或逆時針方向轉 2 至 3 次。

❹ 聞酒的香味時，不要介意將鼻子靠近酒杯緣。

❺ 品酒時口含約滿口 1 / 2 至 2 / 3 的 量，做漱口動作，讓酒體充分與味蕾各部接觸，辨別口感後飲用。

主菜

❶ 同樣的切麵包步驟。

❷ 以湯匙與刀子一起夾起肉塊與蔬菜。

❸ 舀湯至湯盤內。

❹ 將切下的麵包撕成小塊，蘸湯汁食用。

乳酪切盤

❶ 同理切麵包，通常以「核桃麵包」或「黑麵包」最適合。

❷ 選擇喜歡的乳酪種類，以專用乳酪切刀，切
　 適量置於盤中。
❸ 再將乾杏桃絲、核桃、茴香等不同調味香料
　 或葡萄等水果，依個人喜好選擇適量放於盤
　 內。
❹ 乳酪塗麵包或配水果、香料一起食用。

甜點

吃甜點時需因應種類配湯匙或刀叉；圖中此種
Soufflé 發糕，絕對需趁熱食用。

咖啡

在法國餐廳中，若不做特別要求，通常侍者都
會送來一杯小如雞蛋般的 Espresso café！您可
依喜好加專用咖啡糖、白糖，但絕對不要加牛
奶或奶精。

干邑酒或雅馬邑

干邑酒或雅馬邑是正式法式用餐中不可缺少的
飯後酒，爲用餐的完美句點。飲用前先以手心
捧著酒杯，藉體熱溫杯，再做搖杯動作，聞香
後飲用（僅有此兩種法國酒需用鬱金香球杯盛
酒，並做手心溫杯動作）。

附 錄

自己動手
做美食

餐桌是一個神聖如祭壇的地方，

它被妝點打扮成慶祝友誼與歡樂的樂園，

將大自然賜與人類的食物，

以愛與喜悅變化出一道道

充滿愛與尊敬的佳肴美酒，

和所愛的人一起分享……

Les Recettes de la Cuisine
培根雞蛋派（Quiche Lorraine）

材料

墊底麵糰

麵粉 —— 250g

奶油 —— 125g

蛋 —— 1 顆

岩鹽 —— 1 小撮

水 —— 3 大湯匙

餡

培根 —— 200g

蛋 —— 4 顆

乳脂 —— 300g

鹽、胡椒、荳蔻 —— 少許

做法

❶ 先準備墊底麵糰，將其擀成圓球狀，放在冰箱中約 3 小時後取出，擀成約 4mm 厚度；然後將麵皮放入直徑 22cm、事先塗上奶油、麵粉的模型內，以刀叉戳洞，再放入預先烤熱的烤箱內，以 200℃ 烤 12 分鐘，取出等麵皮涼。

❷ 將半鹹的培根肉切成細長條丁，將其置放於沸水中約 5 分鐘再取出，瀝乾水分，以少許奶油煎黃。

❸ 將雞蛋打勻，倒入乳脂，加入辛香料及炒熟的培根丁。

❹ 將 ❸ 的材料倒入放涼的麵皮內，以 200℃ 烤 30 分鐘即成。

Les Recettes de la Cuisine
勃根地蝸牛（Escargots de Bourgogne）

材料

蝸牛 —— 60g

奶油 —— 50g

大蒜 —— 3g

香菜 —— 20g

鹽 —— 2g

胡椒 —— 1g

位於巴黎龐畢度附近 Montrogeuil 街上的蝸牛專賣店 —— Escargot Montrogeuil 餐廳，菜單上的招牌菜，即為四種不同味道的蝸牛料理。通常在餐廳裡，蝸牛料理連著殼，以盛蝸牛的特別鐵製凹型托盤盛著；剛出烤箱的鐵盤，如同我們的鐵板燒，還會發出吱吱的油爆聲。吃時，以類似女性夾睫毛的睫毛夾鉗住蝸牛殼，再以兩叉的小叉子挑出蝸肉食用。熱熱的 Sauce 裹著肥碩的蝸肉，吃時一口接一口欲罷不能；但是，小心！別因吃得太急，讓熱奶油燙傷了嘴。

做法

❶ 將除蝸牛外的所有材料混合，做成大蒜奶油；再將蝸牛殼洗淨，每個殼放入一只蝸牛肉，然後以大蒜奶油填滿。

❷ 放入預先燒熱的烤箱，等待奶油融化、殼面呈金黃即成。

Les Recettes de la Cuisine
蘋果奶油派（Flamusse）

材料

蘋果 ── 4 個

麵粉 ── 60g

蛋 ── 3 顆

牛奶 ── 500g

糖 ── 75g

鹽 ── 1 撮

做法

❶ 將麵粉、鹽、糖及雞蛋、牛奶混合,做成麵糊。

❷ 將蘋果去皮、切成細片,整齊地散排在 7 號模子內呈花瓣型;再將麵糊倒入,在150℃的烤箱內烤約 45 分鐘後,去模子,將有蘋果的一面撒上糖粉即成。

Les Recettes de la Cuisine

普羅旺斯地中海魚湯（Bouillabaisse）

材料

魚湯

混合的魚，如狼魚、海鱔、
沙丁魚等 —— 3kg

洋蔥 —— 200g

青蔥 —— 100g

番茄 —— 3 個

大蒜 —— 40g

茴香 —— 1 梗

番紅花 —— 2g

百里香 —— 1 片

乾橘子皮 —— 1 片

橄欖油 —— 20g

鹽、胡椒 —— 少許

棕色醬汁

魚高湯 —— 10g

馬鈴薯 —— 1 個

智利乾椒 —— 2 條

大蒜 —— 1 瓣

橄欖油 —— 1 茶匙

魬肝 —— 2 片

做法

❶ 將所有的魚切片後，浸泡在前述材料中；然
後於大鍋裡加入適量的水，將魚及所有材料
放入，以大火煮約 15 分鐘即可。

❷ 準備切片的乾麵包，表面擦大蒜，淋上奶油
後放進烤箱，烤至表面有些焦黃即取出，沾
魚湯食用。

❸ 調製棕色醬汁備用。

❹ 將魚肉自湯中撈出，淋上棕色醬汁。

Les Recettes de la Cuisine

栗子羊奶湯（Brilloli）

材料

栗子粉 ── 40g

羊奶 ── 500g

奶油 ── 20g

鮮奶油（Crème）── 500g

鹽 ── 3g

荳蔻 ── 1g

Brilloli 是牧羊人發明的「栗子羊奶湯」，為羊奶加上栗子粉熬煮而成，表面會形成閃閃發亮的白光，所以在科西嘉以 Brillare（閃亮）一字來稱呼。

做法

❶ 將奶油放入鍋內煮熱融化。

❷ 加入栗子粉、羊奶、鹽、荳蔻煮 20 分鐘。

❸ 最後加入鮮奶油煮 10 分鐘。

Les Recettes de la Cuisine

鮮濃番茄洋蔥燉肉（Stufatu）

材料

兔肉 —— 2 塊

松雞肉 —— 2 塊

番茄 —— 6 片

奶油 —— 50g

洋蔥 —— 1 個

大蒜 —— 20 瓣

香菜 —— 1 把

百里香 —— 1 株

月桂葉 —— 3 片

白酒 —— 500cl.

橄欖油 —— 20g

義式寬麵條 ——
Tagliatelle 500g

Brocciu 羊乳酪 —— 100g

做法

❶ 將兔肉、松雞切塊。

❷ 在已切塊的肉中倒入橄欖油，加入切片的洋蔥及壓碎的大蒜，倒入白酒；再加上切成四瓣的番茄及香菜、百里香、月桂葉，加蓋，放入 220℃ 的烤箱中約 2 小時。

❸ 在沸水中丟入 Tagliatelle 麵條煮約 6 分鐘，撈起瀝乾水分；再加入奶油與壓碎的 Brocciu 羊乳酪攪均勻。

❹ 完成後，在大碗容器中一層肉、一層麵地均勻堆疊四層。

Les Recettes de la Cuisine

檸檬奶油蛋糕（Fiadone）

材料

麵糰

蛋糕麵粉 —— 250g

蛋 —— 2 顆

奶油 —— 100g

鹽 —— 1g

糖 —— 75g

橘子香精 —— 1/2 茶匙

餡

蛋 —— 4 顆

Brocciu 羊乳酪 —— 100g

檸檬 —— 1 個

Eau-de-vie 白蘭地 —— 40cl.

糖 —— 40g

做法

❶ 先做麵糰,將蛋糕麵粉中間挖洞,打入 2 顆雞蛋,再邊混合兩者邊加入奶油切塊及糖、鹽、橘子香精等,然後靜置 30 分鐘。

❷ 將麵糰擀成 5mm 厚,鋪在塗了奶油及麵粉的模型內,置入 180℃ 的烤箱烤 10 分鐘。

❸ 將蛋白與蛋黃分開,先將一半蛋白加糖後打鬆,暫置一旁。

❹ 另一半蛋白則與蛋黃混合,加入檸檬汁與切碎的檸檬果皮、白蘭地混合。

❺ 將 ❸ 與 ❹ 的材料混合,小心倒入模型的麵皮內,再放在 180℃ 的烤箱裡約 30 分鐘。

❻ 出爐後撒上糖粉。

Les Recettes de la Cuisine
鴨肝凍（Terrine de foie gras de canard）

材料

鴨肝 —— 1kg

胡椒 —— 3g

糖 —— 1g

鹽 —— 13g

Armagnac 酒 —— 10g

玉米麵包 —— 1 個

Pacherenc du Vic Bilh 酒 ——
1 瓶

做法

❶ 先將鴨肝的筋挑出，再與材料混合後醃一個
晚上。

❷ 將醃泡過的鴨肝填入一只長形的模型，放在
隔水燉食物用的鍋中燒至表面呈深乳色，再
放入 160℃ 的烤箱中烤約 20 分鐘。冷卻後
將凝固的鴨油取出，稍溫融成液狀，以濾網
濾過淋在鴨肝上即成。

❸ 與烤玉米麵包搭配
Pacherenc du Vic
Bilh 酒一起食用。

Les Recettes de la Cuisine
油炸糖糕（Merveille）

材料

麵粉 —— 500g

蛋 —— 4 顆

奶油 —— 150g

Armagnac 酒 —— 40g

鹽 —— 1g

糖 —— 30g

冰糖 —— 50g

佩里戈爾有一種類似油炸糖糕的 Merveille。在普羅旺斯，人們以橄欖油炸，但是在藍德卻以鵝油混麵粉，做成類似油酥餅乾的甜點。傳統上在法國中部，人們會在嘉年華會時製作這種略帶燒酒味的「油炸糖糕」，做成三角形或圓形，灑上糖粉後即可食用。

做法

❶ 將所有的材料依序混合後，做成麵糰，放入冰箱中靜置 2 小時。

❷ 將麵糰擀成 5mm 厚，裁成圓形或三角形，放入 180℃ 的烤箱中烤 20 分鐘。

❸ 出爐後撒上糖粉即可。

Les Recettes de la Cuisine
阿卡雄生蠔（Huître d'Arcachons）

材料

阿卡雄生蠔 —— 48 個

檸檬 —— 4 片

紅酒醋 —— 500g

紅蔥頭 —— 150g

Échiré 奶油 —— 2 個

黑麥麵包 —— 1 條

白酒 —— 1 瓶

做法

❶ 將生蠔小心地打開，空的那瓣蠔殼切開不用；取出蠔肉，洗淨後放回殼內，並放置於碎冰上保鮮。

❷ 將一些紅蔥頭剁碎後，加入紅酒醋調配成 Sauce。

❸ 再搭配麵包、Échiré 奶油、白酒食用。

Les Recettes de la Cuisine
扁豆菜肉湯（Elzekaria）

材料

白扁豆 —— 400g

白甘藍菜 —— 1/4 個

洋蔥 —— 1 個

培根 —— 150g

雞湯 —— 4l.

大蒜 —— 8 瓣

紅酒醋 —— 10g

鵝肥油 —— 10g

做法

❶ 將白扁豆放入水中浸泡（時間視扁豆的年紀 而定，顏色愈黃浸泡的時間愈短）。

❷ 將切片的洋蔥、切成細條的白甘藍菜、切成 丁的培根肉、大蒜、瀝乾的白扁豆及鵝油一 起放入雞湯中煮約 1.5 小時至 2.5 小時。

❸ 最後加入少量的醋即成。

Les Recettes de la Cuisine

布列塔尼奶油扇貝（Coquille St-Jacques à la bretonne）

材料

扇貝

扇貝 —— 4 個

蝦子 —— 8 隻

香菇 —— 16 朵

紅蔥頭 —— 4 個

鹽、胡椒 —— 少許

布列塔尼調味醬

奶油 —— 30g

洋蔥 —— 1 個

番茄 —— 8 個

大蒜 —— 2 瓣

荷蘭芹 —— 30g

白酒 —— 500g

鹽、胡椒 —— 少許

做法

❶ 先將扇貝打開，取出貝肉，洗淨後放回殼內。

❷ 調製調味醬：在熱鍋中放入奶油，再加入切片洋蔥拌炒，倒入白酒；等酒蒸發些許後，放入切成 1/4 大小的番茄、大蒜，等 20 分鐘後，充分混合，再加奶油、鹽及胡椒，最後加入香芹。

❸ 將蝦子去頭、殼，每個扇貝內放 2 隻。

❹ 將香菇對半切成 1/4，在加奶油的鍋中快炒後取出，並分放在扇貝上。

❺ 在每隻扇貝上澆上 Sauce，放在 220℃ 的烤箱中烤約 20 分鐘，取出後灑些荷蘭芹即成。

Les Recettes de la Cuisine

藍姆酒可麗餅（Crêpe bretonne au rhum）

材料

麵粉 —— 250g

蛋 —— 3 顆

牛奶 —— 500g

奶油 —— 50g

Calvados 蘋果燒酒 —— 20g

香草 —— 1 條

糖 —— 100g

鹽 —— 1g

藍姆酒 —— 少許

做法

❶ 將麵粉、蛋、香草、牛奶及鹽充分混合，加入蘋果燒酒。

❷ 在鍋中放入奶油塊，再淋上 50c.c. 的麵汁，等到表面略膨脹後翻轉。

❸ 等到麵皮表面略呈金黃後，小心地澆入少許藍姆酒，等火滅後，置放在盤上。

Les Recettes de la Cuisine

胖嘟嘟的小母雞母親的煎雞蛋捲
（Omelette de la mère poularde）

材料

蛋 —— 12 顆

鮮奶油（Crème）—— 40g

奶油 —— 50g

鹽 —— 8g

胡椒 —— 2g

做法

❶ 將蛋白與蛋黃分開，保留 4 個蛋白，將其打
至發泡。

❷ 其餘 8 個蛋白和所有的蛋黃充分混合。

❸ 將液體奶油倒入 ❷ 中，再加入鹽、胡椒及
❶ 打至發泡之蛋白，均勻地混合。

❹ 將鍋加熱後，放入奶油。

❺ 在鍋中倒入 ❸ 已混合之蛋汁，一手搖晃鍋
子，一手以木杓攪拌至蛋凝固。

❻ 將其對折一半，放入盤中，周邊小心地修成
半圓形。

Les Recettes de la Cuisine
卡恩式牛羊豬肚（Tripe à la mode de Caen）

材料

牛腳 —— 2 塊

牛羊肚、皺胃 —— 2kg

洋蔥 —— 500g

紅蘿蔔 —— 500g

馬鈴薯 —— 8 個

Calvados 蘋果燒酒 —— 30g

Cidre 蘋果酒 —— 5l.

大蒜 —— 4 瓣

麵粉 —— 少許

百里香 —— 3 株

月桂葉 —— 3 片

青蔥 —— 300g

香芹 —— 100g

牛油 —— 200g

岩鹽 —— 15g

胡椒 —— 4g

中國五香粉 —— 2g

四川菜裡有一道著名的「五更腸旺」，在諾曼地，則有一道與之匹敵的「卡恩式牛羊豬肚」。事實上，全法國各省都有「牛羊豬肚」這道菜，但是，真正在這道菜的處理方式上贏得美譽的卻只有「卡恩式牛羊豬肚」。當地人在料理中都不忘記加入地方的特產——「蘋果燒酒」及「蘋果酒」，以增添特殊的蘋果香味，卡恩式牛羊豬肚自然也不例外。

做法

❶ 在大鍋底部先放上切成圓片的洋蔥及紅蘿蔔，再放入切成對半的牛腳，並加入切成 5cm 長寬的牛羊肚、皺胃等。

❷ 加上大蒜、月桂葉、百里香、岩鹽、胡椒、五香粉等香料及青蔥。

❸ 再將掰成小塊的牛油置於鍋內。

❹ 倒入蘋果燒酒及蘋果酒，煮開後加入水及些許麵粉勾芡，同時不停地攪拌。

❺ 再放入 140℃ 的烤箱中烤 10 小時。

❻ 將牛羊肚、皺胃、紅蘿蔔、牛腳及月桂葉、百里香等香料取出；剩下的湯汁煮到濃稠時，再加入牛羊肚、皺胃、紅蘿蔔及去骨、切成小塊的牛腳和蒸熟的馬鈴薯。

❼ 最後將切細碎的香芹加入。

Les Recettes de la Cuisine

梨子千層酥（Douillons）

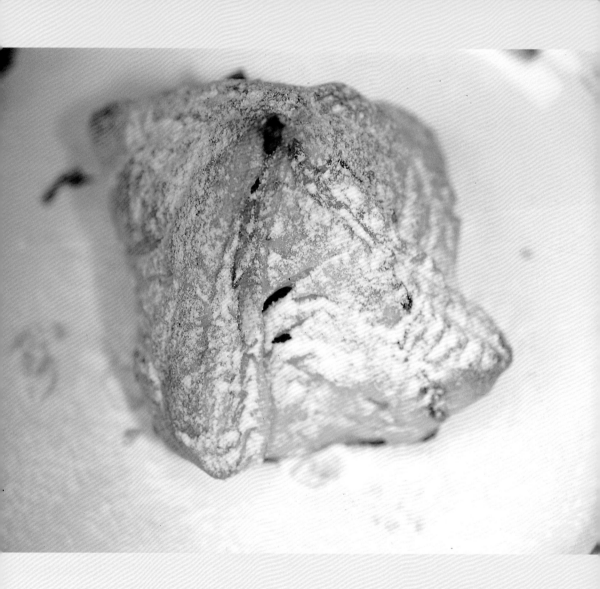

材料

麵糰

麵粉 —— 500g

奶油 —— 350g

蛋 —— 2 顆

牛奶 —— 3 茶匙

糖 —— 20g

鹽 —— 1 茶匙

餡

梨子 —— 8 個

奶油 —— 80g

調味汁

鮮奶油（Crème）—— 500g

做法

❶ 將麵糰的材料充分混合，做成圓球狀，放入冰箱保鮮。

❷ 將梨子去皮，由底部挖出核仁，再塞入奶油，並在190℃的烤箱中烤約10分鐘。

❸ 將麵糰擀成2mm厚，並均分為8塊，在邊緣部分先沾水弄濕，再以少許蛋黃汁及少許奶油塗表面，並於表面畫上方格斜線。

❹ 放在190℃的烤箱中烤約30分鐘。

❺ 趁熱和鮮奶油一起食用。

Les Recettes de la Cuisine
杜爾熟肉醬（Rillettes de Tours）

材料

兔子 —— 4 隻

肥肉 —— 1400g

豬油 —— 80g

白酒 —— 40g

Eau-de-vie 白蘭地 —— 50g

大蒜 —— 8 瓣

百里香 —— 1 株

丁香 —— 4 個

鹽、胡椒 —— 少許

白紗布 —— 1 塊

杜爾人將人生的哲理與省思巧妙地融入特殊的豬肉料理中。當地人有名為「豬仔三部曲」的料理：「豬、鵝炸油後的油渣」、「熟肉醬」及「香腸」；其中以「杜爾熟肉醬」最受文豪巴爾札克青睞，他曾比喻其為「棕色的果醬」。

做法

❶ 將兔子切塊，肥肉切成丁；再把豬油放在燉鍋中加熱融化，加入兔肉等。

❷ 依 1kg 肉、20g 鹽的比例將鹽加入 ❶。

❸ 將大蒜、百里香、丁香放入白紗布內綁緊，置於鍋中，再倒入白酒及白蘭地；蓋上蓋子，以小火煮 4 小時。

❹ 打開蓋子，將香料包、兔肉取出，去骨，再將肉放回鍋內加熱，其間不停地攪拌到熟透，然後放置一旁待涼。

❺ 將肉及油脂充分混合均勻，再放入粗陶壺器皿中，用沸水浸泡。

Les Recettes de la Cuisine
法式乳酪蛋糕（Tourteau fromagé）

材料

麵糰

麵粉 —— 250g

奶油 —— 125g

蛋黃 —— 1 個

水 —— 2 茶匙

鹽 —— 1g

餡

新鮮羊乳酪 —— 250g

蛋白 —— 5 個

蛋黃 —— 5 個

玉蜀黍粉 —— 30g

白蘭地 —— 1 茶匙

橘子水 —— 1 茶匙

糖 —— 125g

鹽 —— 1g

做法

❶ 將麵糰做成富有彈性的狀態，再揉成球狀，放入冰箱中保鮮 2 小時。

❷ 將麵糰擀成 3mm 厚的麵皮，放入擦奶油、抹麵粉、直徑約 20cm 的模型內，以烤箱 200℃ 烤 12 分鐘。

❸ 將乳酪與打得非常鬆的蛋白混合，再把所有的餡小心地倒入模型內，以 200℃ 烤 50 分鐘。熱食或冷食皆宜。

Les Recettes de la Cuisine
櫻桃奶油派（Clafoutis）

材料

餡

櫻桃 —— 500g

糖 —— 50g

麵糰

麵粉 —— 125g

蛋 —— 3 顆

牛奶 —— 30g

奶油 —— 適量

鹽 —— 1g

糖 —— 50g

糖粉 —— 20g

做法

❶ 將櫻桃去核，撒上糖，靜置 30 分鐘。

❷ 將麵糰的材料充分混合。

❸ 將 7 號模型擦奶油及抹麵粉，再排入櫻桃，並將麵糰倒入，在 180℃ 的烤箱中烤約 40 分鐘。

❹ 出爐後撒上糖粉。

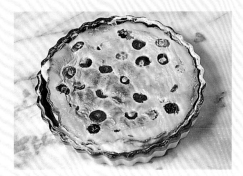

Les Recettes de la Cuisine
高麗菜包肉（Chou farci）

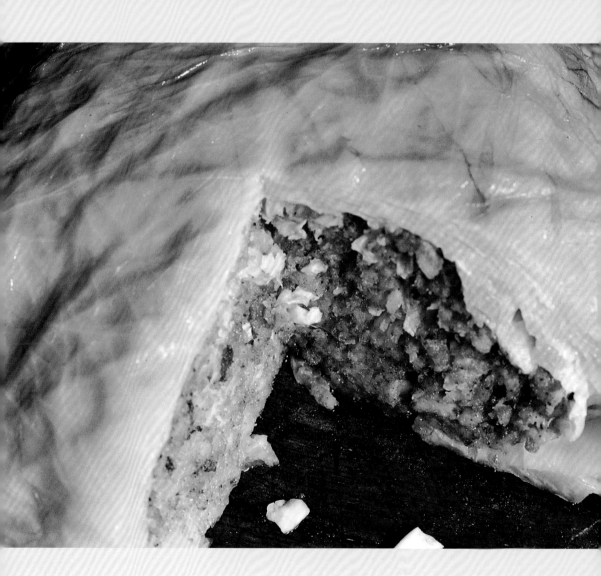

材料

高麗菜 —— 1 個

瘦肉 —— 200g

肥肉 —— 200g

培根片 —— 300g

紅蘿蔔 —— 150g

洋蔥 —— 150g

鹽、胡椒 —— 少許

雞湯 —— 1 罐

荳蔻 —— 少許

細薄柔軟的平紋細布 ——
　1 塊

做法

❶ 將整株高麗菜以沸水燙過，放涼後瀝乾，並
將高麗菜梗挖掉。

❷ 將細布弄濕，把高麗菜整個放在布中心，再
將菜葉一片片剝開，取出菜心部分，並將菜
心剁成細條。

❸ 將瘦肉、肥肉加上高麗菜心細條一起絞碎
後，混入少許荳蔻、鹽及胡椒。

❹ 將 ❸ 放入挖空的高麗菜中。

❺ 再將高麗菜聚合起來，然後將兩片培根片呈
十字形放置於高麗菜葉上，以弄濕的細布包
紮高麗菜，再以細繩綁住封口。

❻ 在燉鍋中先放入紅蘿蔔及切丁的洋蔥，再放
入高麗菜，倒入煮沸的雞湯，然後蓋上鍋
蓋，放入烤箱中，以 200℃ 烤 2 小時。

❼ 取出白布包，解開繩子，將高麗菜葉用手聚
攏，加壓擠出菜湯即可。

Thanks

本書承亞都麗緻大飯店協力製作，謹此致謝

完整呈現法國鄉村料理精華的
巴賽麗廳，
適合獨享寧靜或把酒言歡的
歡晤酒吧，
享受美食如同品味藝術的
巴黎廳1930，
盡在執法國料理牛耳的
亞都麗緻大飯店。

巴賽麗廳（圖片提供／亞都麗緻大飯店）

亞都麗緻的美食饗宴，邀您入座鑑賞⋯⋯

■巴賽麗廳

在法國，餐廳的等級可分為三種：第一是精緻美食餐廳（Restaurant Gastronomique），即我們印象中女士先生必須著正式服裝入席的場所；其次是巴賽麗廳（La Brasserie）；再來便是一般的咖啡廳（Café）。

巴賽麗廳在一般法國人的生活中扮演著極重要的角色，是親朋好友聚餐聊天最常去的地方，所提供的菜餚也以法國傳統地方菜為主。菜單上的菜色多是早自老祖母時代就沿用許久的家常料理，紮實不耍花招，展現道地平實的法國風情。

亞都麗緻的巴賽麗廳，將法國鄉村料理的精華美味完整呈現，從著名的尼斯沙拉、香濃味美的法式洋蔥湯、普羅旺斯烤

鮭魚附蘿勒茄泥、馬賽魚夫鍋、庫斯庫斯什錦肉盤、阿爾薩斯酸菜豬腳到最後的經典甜品傳統法式舒芙里與阿爾薩斯蘋果塔佐香草冰淇淋，莫不是法式家鄉菜餚的代表之作。在這裡用餐，不但能體會歐洲餐廳的優雅氣氛，同時也是口感與味覺上煥然一新的享受。

當然，佳餚若能與美酒相互搭配，將是完美的享受。陳培峰主廚以精心烹調的美食與巴賽麗廳的葡萄酒做完美的組合，不但重現歐洲餐廳的餐酒搭配，還同時享有歐洲酒館輕鬆自在的氣氛，餵飽您的肚子，也滋潤您的心靈。

除此之外，為提供住房客人及喜愛歐式風味的客人更多服務，每天早上6:00至10:00有豐盛的自助早餐，結合中、西式餐

餚，讓美好的一天有個最滿意的開始；另於中午及晚間推出的「商業午餐」及「晚間套餐」，由主廚精選各式多樣新鮮食材現場烹調，搭配開胃菜或湯，還有餐後的法式甜點及咖啡或茶，享受道地美食就是如此輕鬆愜意。而巴賽麗廳遠近馳名的下午茶則是品味閒逸歐風的極致感受，不論是氣氛或小點，都讓人有彷彿置身歐洲的驚喜感受。

巴賽麗廳就如同她的名字一般，一種輕鬆愉快的氣氛瀰漫在身邊，歐式的裝潢與傳統法式美食饗宴，從早晨到深夜，讓您不出國也能感受道地歐風。

■歡晤酒吧

位於一樓巴賽麗廳內，可容納二十五至三十人，小巧精緻，充滿歐洲閒適快意的氣氛；營業時間由早上 6:00 至深夜 1:00，提供各種飲料，從不含酒精的咖啡、茶、調味果汁、新鮮現榨果汁，到各式啤酒、葡萄酒、威士忌、X.O.等等，不同的飲品滿足不同的需求與選擇。

每週二、週四傍晚 18:00 至 19:00 的「Ritzy Hour」，提供精緻法式小點、三明治與各式飲料，邀請商務住客歡聚一堂，讓歡樂時光回味無窮。晚上 19:30 至 21:00，鋼琴師現場演奏動人心弦的優美旋律，為您彈唱抒情爵士藍調歌曲，讓溫柔的夜平添浪漫情懷。

不論是一人獨享寧靜時刻，或與三五好友把酒言歡，歡晤酒吧的輕鬆悠閒氣氛加上專業親切的調酒師，將特製出一杯專屬您的心情飲品。

■巴黎廳 1930

多年來，在台北執正統法國料理餐廳牛耳的非亞都麗緻巴黎廳 1930 莫屬。從專業的侍酒知識、完整豐富的葡萄酒單，到堅持聘請法籍主廚烹調的精膳美饌，完整呈獻法國餐飲藝術中，追求完美的標準與細節，自創建以來，始終秉持法國料理正統，精緻的美食饗宴與優雅高貴的浪漫氣氛，使巴黎廳 1930 一直是嗜好珍饈的饕客們津津樂道並流連忘返的美食殿堂。

以法國 1930 年代裝飾藝術風格（Art Deco）為設計，讓巴黎廳 1930 因而名之。30 年代是法國「裝飾藝術」的顛峰時期，著重於線條表現中所傳達的優美與典雅，歷久彌新，引人入勝；藉由這個理念，巴黎廳 1930 期望呈現法國美食的精華與細緻如歐式皇家般的優雅環境，以內斂優雅的品味和古典簡約的設計，讓享受美食就如同品味藝術，深刻動人。

巴黎廳 1930 早於 1988 年即邀請米其林星級主廚，進行國際廚藝交流，更舉辦如品酒餐會、經典菜回顧、西餐禮儀等活動，引進最新的飲食潮流。其中，自成立來從未間斷的酪酒美饌活動（Wine & Dine），發掘了葡萄美酒與佳餚搭配的諸多可能，將美食與精選佳釀做了完美的結合。選出各式推薦佳釀後，法籍主廚即針對選酒的特性設計出一套可與好酒相互輝映的佳餚，精采的演出從未令酒饕們失望。

堅持卓越的品質與服務，使巴黎廳 1930 保持不墜的領導地位，巴黎廳 1930，請您入座鑑賞。

巴黎廳 1930（圖片提供／亞都麗緻大飯店）

國家圖書館出版品預行編目資料

隱藏的美味／彭怡平 文、攝影. ——二版.——臺北市：商周出版：
家庭傳媒城邦分公司發行, 2012（民101.06）

　面；　　公分. ——

ISBN 978-986-272-187-2（平裝）

1.飲食風俗　2.法國

538.7842　　　　　　　　　　　　　　　　　　101009361

隱藏的美味

作　　　者／彭怡平
責 任 編 輯／顧立平、楊如玉
版　　　權／翁靜如
行 銷 業 務／朱書霈、蘇魯屏
總 經 理／彭之琬
發 行 人／何飛鵬
法 律 顧 問／台英國際商務法律事務所 羅明通律師
出　　　版／商周出版
　　　　　　城邦文化事業股份有限公司
　　　　　　台北市104民生東路二段141號9樓
　　　　　　電話：(02)2500-7008　傳真：(02)2500-7759
　　　　　　E-mail：bwp.service@cite.com.tw
發　　　行／英屬蓋曼群島商家庭傳媒股份有限公司城邦分公司
　　　　　　台北市中山區民生東路二段141號2樓
　　　　　　書虫客服服務專線：(02)25007718；25007719
　　　　　　服務時間：週一至週五上午09:30-12:00；下午13:30-17:00
　　　　　　24小時傳真專線：(02)25001990；25001991
　　　　　　劃撥帳號：19863813；戶名：書虫股份有限公司
　　　　　　讀者服務信箱：service@readingclub.com.tw
　　　　　　城邦讀書花園：www.cite.com.tw
香港發行所／城邦（香港）出版集團有限公司
　　　　　　香港灣仔駱克道193號東超商業中心1樓
　　　　　　E-mail:hkcite@biznetvigator.com
　　　　　　電話：(852) 2508-6231 2508-6217 傳真：(852) 2578-9337
馬新發行所／城邦（馬新）出版集團【Cité (M) Sdn. Bhd.】
　　　　　　41, Jalan Radin Anum, Bandar Baru Sri Petaling,
　　　　　　57000 Kuala Lumpur, Malaysia.
　　　　　　Tel: (603) 90578822　Fax:(603) 90576622
　　　　　　email:cite@cite.com.my

封 面 設 計／蔡南昇
排　　　版／小題大作工作室
印　　　刷／高典印刷有限公司
總 經 銷／高見文化行銷股份有限公司　電話：(02)26689005　傳真：(02)26689790
　　　　　　客服專線：0800-055-365

2012年06月二版　　　Printed in Taiwan　　　　城邦讀書花園
　　　　　　　　　　　　　　　　　　　　　　　www.cite.com.tw
定價 400 元

版權所有‧翻印必究 ISBN 978-986-272-187-2

廣　告　回　函
北區郵政管理登記證
台北廣字第000791號
郵資已付，免貼郵票

104台北市民生東路二段 141 號 2 樓

英屬蓋曼群島商家庭傳媒股份有限公司
城邦分公司

請沿虛線對摺，謝謝！

書號：BO0028X　書名：隱藏的美味　　　　　編碼：

商周出版

讀者回函卡

謝謝您購買我們出版的書籍！請費心填寫此回函卡，我們將不定期寄上城邦集團最新的出版訊息。

姓名：_____ 性別：□男 □女

生日：西元_____年_____月_____日

地址：_____

聯絡電話：_____ 傳真：_____

E-mail：_____

學歷：□1.小學 □2.國中 □3.高中 □4.大專 □5.研究所以上

職業：□1.學生 □2.軍公教 □3.服務 □4.金融 □5.製造 □6.資訊

□7.傳播 □8.自由業 □9.農漁牧 □10.家管 □11.退休

□12.其他_____

您從何種方式得知本書消息？

□1.書店 □2.網路 □3.報紙 □4.雜誌 □5.廣播 □6.電視

□7.親友推薦 □8.其他_____

您通常以何種方式購書？

□1.書店 □2.網路 □3.傳真訂購 □4.郵局劃撥 □5.其他_____

您喜歡閱讀哪些類別的書籍？

□1.財經商業 □2.自然科學 □3.歷史 □4.法律 □5.文學

□6.休閒旅遊 □7.小說 □8.人物傳記 □9.生活、勵志 □10.其他

對我們的建議：_____

_____

_____

_____

_____

阿爾薩斯（Alsace）／洛林（Lorraine）

- **特產**：史特拉斯堡香腸（Strasbourg saucisse）、洛林香腸（Lorraine saucisse）、Knack 香腸等
  豬頭或野豬頭肉凍（La hure）
- **開胃酒**：櫻桃酒（Kirsch）、李子燒酒（Quetsche）
- **前菜**：培根雞蛋派（Quiche Lorraine）
  阿爾薩斯圓餡餅（Tourte d'Alsace）
  科勒馬鵝肝（Foie gras d'oie de Colmar）
  克斯塔侯爵鵝肝（Foie gras à la Marquise Constade）
  史特拉斯堡鵝肝圓餡餅（Tourte du foie gras de Strasbourg）
- **主菜**：醃酸菜配土豆豬肉（Choucroute）
- **甜點**：阿爾薩斯奶油圓蛋糕（Kouglof）
  瑪德蓮長圓形奶油小蛋糕（Madeleine）
- **乳酪＋酒＋麵包**：Géromé＋Gewürztraminer＋8 字形鬆餅（Bretzel）
- **酒**：Sylvaner、Riesling

勃根地（Bourgogne）

- **特產**：夏隆內牛肉（Bœuf Charolais）
  第戒芥末（Moutarde de Dijon）
  閹火雞（Chapon）
- **開胃酒**：Kir
- **前菜**：勃根地蝸牛（Escargots de Bourgogne）
- **主菜**：勃根地燉牛肉（Bœuf Bourguignon）
  白葡萄酒燴肉（Gibelotte）
  酒燜子雞（Coq au vin）
- **甜點**：蘋果奶油派（Flamusse）
  香料蜜糖麵包（Pain d'épice）
- **乳酪＋酒＋麵包**：Soumaintrain／Époisse＋Chablis＋繩子麵包（Cordon）
- **酒**：Vin de Bourgogne

里昂（Lyon）

- **特產**：貝列斯家禽（Volaille de Bresse）
  玫瑰香腸（Saucisse rosette）、里昂香腸（Saucisson de Lyon）、Jésus 香腸、
  Sabodet 香腸、Andouille 小香腸等
- **前菜**：里昂沙拉（Salade Lyonnaise）
  豬肉凍（Tête roulée）
  烤牛肝（Foie de veau rôti）
- **主菜**：白斑狗魚肉丸子（Quenelles de brochet sauce nantua）
  酸模鮭魚（Escalope de saumon à l'oseille）
  麵包屑或乾酪絲焗通心麵（Macaroni au gratin）

紅蔥頭乾乳酪（Cervelle de canut）

黑蘑菇嵌餡雞（Poularde demi-deuil）

● 甜點：油煎餅（Bugne）

　　　　雞蛋餅（Matefaims）

　　　　麵包甜塔（Tarte à la mie de pain）

　　　　節日餡餅（Pâtés de vogue）

● 乳酪＋酒＋麵包：金山（Mont-d'Or）＋薄酒來（Beaujolais）＋笛子麵包（Flûte）

普羅旺斯（Provence）／阿爾卑斯山（Alpes）／蔚藍海岸（Côte d'Azur）

● 特產：薰衣草香的蜂蜜（Miel de lavande）

　　　　斯絲特隆羔羊肉（Sisteron mouton）

　　　　尼雍橄欖油（Nyons huile d'olive）

● 調味料：Rouille

　　　　　蒜泥蛋黃醬（Aïoli）

● 湯：大蒜湯（Aïgo Boulido）

● 前菜：小朝鮮薊尼斯沙拉（Salade Niçoise aux petits artichauts）

　　　　尼斯燜菜（Ratatouille）

● 主菜：地中海魚湯（Bouillabaisse）

● 甜點：甜橄欖麵包（Fougasse sucré）

　　　　糖醃水果（Fruits confits）

　　　　杏仁甜糕（Calissons）

　　　　黑白蜂蜜杏仁牛軋糖（Nougats noirs & nougats blancs）

● 乳酪＋酒＋麵包：Banon＋Côte de Provence＋普羅旺斯四指麵包（Main Provençiale）

● 酒：新教皇堡（Châteauneuf-du-Pape）

科西嘉（Corse）

● 特產：科西嘉香腸（Charcuterie figatelli）

● 前菜：栗子羊奶湯（Brilloli）

● 主菜：鮮濃番茄洋蔥燉肉（Stufatu）

● 甜點：檸檬奶油蛋糕（Fiadone）

● 乳酪＋酒＋麵包：Brocciu＋Vin de Corse＋雙球麵包（Coupiette）

佩里戈爾（Périgord）

● 特產：松露（Truffe）

　　　　肥鵝肝（Foie gras）

● 前菜：鵝肝凍（Terrine de foie gras d'oie）

　　　　鴨肝凍（Terrine de foie gras de canard）

　　　　肉片捲（Ballottine）

● 主菜：莎哈拉式松露燜鴨肉凍（Confit d'oie pomme sarladaise avec truffe）

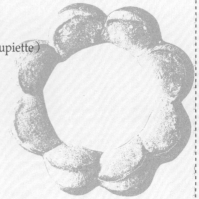

　　　　鵝肝餡餅（Tourtière）

●**甜點**：油炸糖糕（Merveille）

●**乳酪＋酒＋麵包**：Rocamadour＋Cahors＋玉米麵包（Méture）

波爾多（Bordeaux）

●**特產**：紅蔥頭（Echalote）
　　　　雪鵐（Ortolan）
　　　　七鰓鰻魚（Lamproie）

●**湯**：洋蔥湯（Soupe à l'oignon）
　　　牛肉蔬菜湯（Pot-au-feu）

●**前菜**：阿卡雄生蠔（Huître d'Arcachons）

●**主菜**：韭蔥七鰓鰻（Lamproie aux poireaux）
　　　　卡德倫蝸牛（Escargot Caudéran）
　　　　波依拉克烤羊後腿肉（Cuisse du mouton de Pauillac）
　　　　波爾多式牛排骨肉（Entrecôte bordelaise）

●**甜點**：凹槽型焦糖肉桂蛋糕（Cannelé）
　　　　蛋白杏仁甜餅（Macaron）

●**乳酪＋酒＋麵包**：Echourgnac＋聖美濃（St-Emilion）＋波爾多王冠麵包
　　　　　　　　　　（Couronnes bordelaise）

中央庇里牛斯山（Midi-Pyrénées）

●**特產**：香芹（Persil）、牛至（Marjolaine）、紅辣椒（Espelette）等

●**前菜**：扁豆菜肉湯（Elzekaria）

●**主菜**：扁豆燒肉沙鍋（Cassoulet）

●**甜點**：白蘭地蘋果千層派（Pastis béarnais）

●**乳酪＋酒＋麵包**：Roquefort＋Madiran＋荷葉黑麥麵包（Fougnole des Pyrénées）

●**飯後酒**：Armagnac

布列塔尼（Bretagne）

●**特產**：葛魅內香腸（Andouille de Guéméné）
　　　　海鹽「鹽中之花」（Fleur de sel）
　　　　布列塔尼奶油（Beurre breton）

●**前菜**：布列塔尼湯（Cotriade）

●**主菜**：布列塔尼奶油扇貝（Coquille St-Jacques à la bretonne）
　　　　鹹牛奶雞蛋糕（Kig ha fars）

●**甜點**：藍姆酒可麗餅（Crêpe bretonne au rhum）
　　　　甜牛奶雞蛋糕（Far）
　　　　布列塔尼蛋糕（Gâteau breton）

餅乾（Petits bigoudens）

四合糕（Quatre-quarts）

● 乳酪＋酒＋麵包：Petit-breton＋Gros plant＋花捲麵包（Pain de morlaix）

● 酒：蘋果酒（Cidre）

諾曼地（Normandie）

● **開胃酒**：蘋果燒酒（Calvados）

● **前菜**：胖嘟嘟的小母雞母親的煎雞蛋捲（Omelette de la mère poularde）

● **主菜**：卡恩式牛羊豬肚（Tripe à la mode de Caen）

● **甜點**：梨子千層酥（Douillons）

奶油圓球蛋糕（Brioche）

● **乳酪＋酒＋麵包**：Camembert＋Pauillac＋Pain brié

● **酒**：蘋果酒（Cidre）

羅亞爾河谷區及中央區（Pays de la Loire et Centre）

● **特產**：安茹豬血香腸（Gogues angevines）

Sandre 魚

夏隆鴨子（Canard de Challans）

● **前菜**：杜爾熟肉醬（Rillettes de Tours）

● **主菜**：紅蔥頭奶油魚（Sandre au beurre d'échalotte）

奶油白斑狗魚（Brochet au beurre blanc）

酸模西鮭魚（Alose farcie à l'oseille）

紅酒洋蔥香菇李子鰻魚（Bouilleture）

● **甜點**：法式乳酪蛋糕（Tourteau fromagé）

旺代奶油圓球蛋糕（Brioche vendéenne）

● **乳酪＋酒＋麵包**：Saint-Maure de Touraine＋Montlouis／Chinon＋Foué

● **酒**：Touraine

Vouvray

Saumur-Champigny

奧佛涅（Auvergne）／利慕贊（Limousin）

● **特產**：利慕贊紅牛（Limousin veau）

● **湯**：蔬菜燒肉湯（Potée）

● **前菜**：高麗菜包肉（Choux farci）

龜殼背麵包三明治（Gruau Auvergnat sandwich）

● **主菜**：羊肉包牛絞肉捲（Falettes）

● **甜點**：櫻桃奶油派（Clafoutis）

● **乳酪＋酒＋麵包**：St-Nectaire＋Côtes d'Auvergne＋龜殼背麵包（Gruau Auvergnat）